Die Seele

Johanna Haberer

Die Seele

Versuch einer Reanimation

claudius

Zum Schutz der Umwelt verzichten wir bei diesem Buch
auf das Einschweißen mit Folie.

4. Auflage 2025

Birkerstraße 22, 80636 München
Tel. 089/12172-119
www.claudius.de

Bei Fragen zur Produktsicherheit wenden Sie sich bitte an claudius@epv.de
Umschlaggestaltung: Weiss Werkstatt, München
Umschlagbild: © akg-images / Erich Lessing
Gesetzt aus der Officina Serif ITC Pro
Druck: FINIDR s.r.o, Český Těšin

ISBN 978-3-532-62861-4

Inhalt

Und meine Seele spannte
Weit ihre Flügel aus,
Flog durch die stillen Lande,
Als flöge sie nach Haus.
Eichendorff

In einem Wort die ganze Welt

Mit der Seele ist es wie mit dem Waldelefanten.

Unzählige Bäume und andere Pflanzen des Regenwaldes nutzen diesen kleinen rundohrigen Elefanten als Transporttier für ihre Samen. Der Elefant frisst die Früchte des Waldes und scheidet die unterschiedlichsten Samen wieder aus. So trägt er sie in entfernte Regionen und verbreitet sie überall hin. Auf diese Weise bleibt der Regenwald am Leben. Sterben die Waldelefanten aus, stirbt auch der Regenwald.

In den Ökosystemen unserer Sprache macht das Wort *Seele* nichts anders als der Waldelefant.

Die Naturwissenschaften sagen: Eine Seele gibt es nicht. Oskar Wilde formuliert es in seinem Märchen „Der Fischer und seine Seele" so: „Was nützt mir meine Seele? Ich kann sie nicht sehen. Ich kann sie nicht berühren. Ich kenne sie nicht".[1]

Stimmt: Wir können die Seele nicht sehen, sie nicht berühren, nicht wiegen und nicht messen. Trotzdem gibt es ein Wort für sie – in allen Sprachen der Welt. Die Seele ist eine globale Idee.

Und trotzdem: In den Wörterbüchern der Naturwissenschaften und der Medizin, der Neuro- und Kognitionswissenschaften, und auch denen der Psychologie ist das Wort „Seele" ausgestorben.

Sogar in der wissenschaftlichen Theologie versucht man neuerdings, diesen Begriff zu vermeiden, wohl um an die empirischen Wissenschaften anschlussfähig zu bleiben. Selbst in Bibelübersetzungen probiert nun mancher, den Begriff „Seele" zu umgehen oder zu ersetzen.

Stellt sich die Frage: Ist diese Entwicklung schlimm?

Ist es nicht ganz normal, dass Worte aus der Mode kommen?

Ich denke, eine Sprache ohne Seele trägt zu einer allgemeinen inneren Verarmung bei. Ob sie das schlimm finden, überlasse ich Ihnen. Ich möchte dem Gedanken nachgehen, was wir verlieren, wenn wir eine seelenlose Sprache entwickeln.

Denn: Wenn wir die Seele aus Denken und Sprache entfernen, weil sie überflüssig erscheint, irreführend oder unklar, so gehen gleichzeitig ungezählte Denksysteme und Gedankenfiguren zugrunde, die mit der Idee einer Seele zusammenhängen. Ein geistiges Artensterben setzt ein. Es vertrocknen jahrtausendealte Theorien über das, was den Menschen ausmacht, im Verhältnis zu sich selbst, zur Mitwelt. Zu Gott.

Sie haben es bestimmt schon gemerkt: Dieses Buch ist ein konservatives Projekt. Ein Projekt zur Arterhaltung. Ein Plädoyer zur Rettung der „Seele“. Ein Plädoyer für eine Nachhaltigkeit des Denkens. Das Plädoyer für eine Rückholung. Eine Re-Animation in des Wortes ureigener Bedeutung.

Denn nicht nur die Seele ist vom Aussterben bedroht. Auch andere Begriffe, die mit ihr eng verwandt, ohne sie vielleicht gar nicht denkbar sind, sind bedroht: Hingabe zum Beispiel oder Glückseligkeit, Barmherzigkeit, Trost und Treue. Hinter jedem dieser Worte eröffnen sich Welten von Annahmen darüber, was der Mensch ist und sein kann, was ihm guttut oder schadet, was er braucht, wonach er sich sehnt.

Für unseren inneren Reichtum und die Nachhaltigkeit unseres Nachdenkens und Fühlens brauchen wir Begriffe, die in der Geistesgeschichte vernetzt sind, wie die Wurzeln der Urwaldbäume. So wie den der Seele.

Wir begegnen ihm in der Philosophie der Antike und in allen Religionen. Das Wort ist Jahrtausende alt und zuhause in Liedern und Gedichten, in Liturgien und Gebeten. Und es wohnt überall dort, wo Menschen nach dem Sinn ihres Lebens fragen und nach Gott. Das Wort für Seele kann japanisch *tama* oder *mitama* heißen oder *jiva* auf Sanskrit, chinesisch *Po'* oder auch *Hun*, die Hauchseele. *Roho* oder *mizimu* auf Suaheli.

So vielfältig der Begriff in allen Sprachen, so vielfältig die Vorstellungen davon, was die Seele ausmacht, tut und bewirkt. Hält sie den Körper am Leben? Ist sie jenes Prinzip, das Vögel fliegen lässt, Wölfe jagen und Nashörner angreifen? Lässt das Prinzip Seele die Osterglocken blühen und Birken grünen, Menschen weinen und mitleiden und lieben? Oder beschreibt Seele ausschließlich die menschliche Fähigkeit, über sich selbst nachzusinnen, sich zu erinnern und die Zukunft auszumalen?

Womöglich geht unsere Seele auch auf Reisen: Nachts, wenn wir schlafen, macht sie Ausflüge und funkt uns groteske und absurde, wunderliche und wunderbare Bilder zu.

Vielleicht beschreibt „Seele" auch das, was von uns bleibt, wenn wir den Container unseres Körpers verlassen. Manche Religionen glauben, die Seele steige dann zu Gott empor, kehre förmlich nach Hause zurück. Andere glauben, Seelen versammeln sich bei ihren Ahnen. Wieder andere sind der Überzeugung, die Seele suche sich nach dem Tod ihres Körpers immer wieder eine neue irdische Heimstadt. Je nachdem, wie sie im alten Leben bestanden hat, dann in einer Maus, einem Adler, einem Bettler oder einer Königin.

Schon die unfassbar kunstfertigen Höhlenmaler der Cro-Magnon-Zeit vor 25.000 Jahren haben die Seele gemalt. In der Höhle von Lascaux zum Beispiel zeichneten unsere Vorfahren einen toten Menschen mit einem Vogelkopf und neben diesem Toten (der offenbar von einem Bison angegriffen worden war) ragt ein Stab empor, auf dessen Spitze ein kleiner Vogel sitzt, im Begriffe, sich in die Lüfte zu schwingen.[2]

Bis heute schaffen Künstler ungezählte Bilder, um die Seele einzufangen: eine junge Frau, ein Säugling, ein Vogel, ein Schmetterling, der sich aus seiner Verpuppung befreit. Oder elementar: die Seele als Wind, als Hauch, Feuer, Licht, Wasser oder Rauch. Sie streicht vorbei, lodert und leuchtet. Macht sich bemerkbar als Schatten, Spiegelbild, Klang. Der Seele haftet stets etwas Unfassliches, Wandelbares, Luftiges und Flüchtiges an. Wenn wir von Seele sprechen, meinen wir das Prinzip Leben, Weiterleben, Überleben. Und die Fähigkeit des Menschen, über sich hinauszuwachsen und zugleich verhaftet zu sein im Netzwerk der Geschöpfe.

Mit dem Begriff der Seele beschreiben wir auch die Spannung zwischen unserer unrettbaren Leiblichkeit und unserer rettungslosen Sehnsucht nach Transzendenz. Unser unaufhörliches Streben nach einem anderen Leben und nach einem Gott. Visionen und Träume, Fantasien und Utopien, all das findet Ursprung und Heimat in dem Spielraum, den wir Seele nennen. Sie ist bei jedem Menschen einzigartig wie der Fingerabdruck, das Ohr oder die Iris.

Die Seele ist das, was uns Menschen als Geschöpf unter Geschöpfen ausmacht. In manchen

Kulturkreisen gibt es bis heute die Angst, die Seele könnte verloren gehen, wenn jemand auf ein Foto gebannt wird. Offenbar haben wir geradezu archaische Reflexe, um unsere Seele zu schützen.

Das Aussterben des Gedankensystems rund um die Seele begann mit dem Philosophen, Mathematiker und Aufklärer René Descartes. Mit dem Satz „Ich denke, also bin ich" wurde er berühmt. Das Gehirn war für ihn das Zentralorgan des Menschen, den er sich ein bisschen wie eine Maschine vorstellte. Diese Spur ist bis heute erkennbar in den Computerwissenschaften, die das Gehirn als Modell für Computernetze denken – und den Menschen als Programm. Mit Descartes begann die Geistesgeschichte systematisch damit, das Seelenleben zuzubetonieren oder auszuradieren.

Andere, neue Worte wurden gefunden („Person", „Persönlichkeit", „Ich", „Selbst"), um den Menschen zu beschreiben, der nun sein eigener Mittelpunkt wurde und darin einzigartig und eigenartig. Nicht länger ein „Geschöpf", dem etwas (die Seele) von außen eingehaucht werden musste. Heute kann man das menschliche Gehirn in vielen seiner Funktionen beschreiben, zum Teil auch simulieren. Aber kann man mit „Person“, „Selbst“ oder mit „Ich“ die Idee der Seele wirklich ersetzen?

Die politische Philosophin und Mystikerin Simone Weil schreibt 1952 in „Schwerkraft und Gnade“:

> *Die vollkommene Freude schließt eigentlich das eigene Empfinden der Freude aus, denn in der ganz von ihrem Gegenstand erfüllten Seele ist auch nicht der kleinste Raum mehr verfügbar, um „ich“ zu sagen.*[3]

Seele – ist das womöglich mehr als Ich, Person oder Persönlichkeit? In der Theologie stand das Wort Seele immer für die Unverfügbarkeit des eigenen Lebens, stand für das Leben als Gabe und Geschenk. Es könnte daher sein, dass wir gerade dabei sind, unsere Seele zu verkaufen. Denn die Digitalisierung hat uns nicht nur Amazon beschert, Wikipedia und die Google-Suchmaschine, ohne die man sich das Leben gar nicht mehr vorstellen kann. Sie ist auch dabei, unsere Gefühle, Empfindungen, Meinungen und Ansichten zu vermessen und zu beeinflussen. Mit Hilfe digitaler Logiken werden wir erfasst und errechnet, wir bekommen zu sehen, was der Algorithmus uns sehen lassen will, wir bekommen mitgeteilt, was ein Computer für richtig hält und wir bekommen gesagt, diese Rechenmaschinen seien schneller, präziser, effizienter und letztlich besser als wir selbst – ihre Schöpfer, die Menschen. Rechenmaschinen empfehlen, welche Wege wir mit dem Auto nehmen, was wir essen, kaufen und denken sollen. Es gibt einen Club von Wissenschaftlern, die heute schon davon träumen, irgendwann Gehirne auf Datenträger zu speichern, den lästigen Körper hinter sich zu lassen und in den digitalen Raum zu entschwinden. Auf ewig und damit unsterblich.

Die Vorstellung von der Seele aber – und alles, was an Bedeutungen in diesem Wort haust – widerspricht der Logik von 0/1-Entscheidungen. Seele ist ein Wort des Widerstands gegen die Kontrolle über das Empfinden. Denn: Von der Seele reden heißt, die leibliche Existenz bejahen, heißt Spannungen aushalten, dem Menschen Gutes und Großes zutrauen, heißt, die menschliche Kraft der Sehnsucht, der Vision und der Erfindung bewundern, heißt: gut vom Menschen denken, weil er ein gottgewolltes Geschöpf ist.

Von diesem Geschöpf singt im Alten Testament der Psalm 8:

> *Wenn ich sehe die Himmel, deiner Finger Werk, den Mond und die Sterne, die du bereitet hast: was ist der Mensch, dass du seiner gedenkst, und des Menschen Kind, dass du dich seiner annimmst? Du hast ihn wenig niedriger gemacht als Gott, mit Ehre und Herrlichkeit hast du ihn gekrönt. (Psalm 8,4–6)*[4]

Wir wissen, was wir mit den neuen Techniken der Digitalisierung und der Vernetzung gewonnen haben. Die Frage ist jetzt: Was verlieren wir, wenn wir den Menschen als Modell für den Computer betrachten? Und: Welcher Reichtum an religiösen, geisteswissenschaftlichen, philosophischen und poetischen Welten wird mit dem kleinen Wort Seele untergehen?

Vom Erlöschen der Seele

Als der Schriftsteller Hermann Hesse zu Beginn des 20. Jahrhunderts von einer Indienreise zurückkehrt, schreibt er Reiseerinnerungen nieder, in denen er seiner Bewunderung für die östlichen Kulturen Ausdruck verleiht. Im Vergleich zu ihnen hadert er mit der Seelenvergessenheit des Westens, die Hesse mit der Religiosität der Menschen zusammendenkt.

Er schreibt 1914:

> *Schließlich aber ist doch ein menschlicher Eindruck der stärkste. Es ist der der religiösen Gebundenheit all dieser Millionen Seelen. Der ganze Osten atmet Religion, wie der Westen Vernunft und Technik atmet. Primitiv und jedem Zufall preisgegeben scheint das Seelenleben des Abendländers, verglichen mit der geschirmten, gepflegten, vertrauensvollen Religiosität des Asiaten, er sei Buddhist oder Mohammedaner oder was immer. Dieser Eindruck beherrscht alle anderen, denn hier zeigt der Vergleich eine Stärke des Ostens, eine Not und Schwäche des Abendlandes, und hier fühlen sich alle Zweifel, Sorgen und Hoffnungen unserer Seele bestärkt und bestätigt. Überall erkennen wir die Überlegenheit unserer Zivilisation und Technik, und überall sehen wir die religiösen Völker des Ostens noch ein Gut genießen, das uns fehlt und das wir eben darum*

höherstellen als jene Überlegenheiten. Es ist klar, dass kein Import aus Osten uns hier helfen kann, kein Zurückgehen auf Indien oder China, auch kein Zurückflüchten in ein irgendwie formuliertes Kirchenchristentum. Aber es ist ebenso klar, dass Rettung und Fortbestand der europäischen Kultur nur möglich ist durch das Wiederfinden seelischer Lebenskunst und seelischen Gemeinbesitzes. Ob Religion etwas sei, das überwunden und ersetzt werden könne, mag Frage bleiben. Dass Religion oder deren Ersatz das ist, was uns zutiefst fehlt, das ist mir nie so unerbittlich klar geworden wie unter den Völkern Asiens.[5]

Hesse schreibt diese Worte nieder am Vorabend des ersten Weltkriegs. Die Industrialisierung hat sich in Europa ausgebreitet, die Ingenieurskunst einen rasanten Fortschritt angeschoben. Der Kohleabbau, die Stahlproduktion, die aufstrebende Automobilindustrie und die Waffenindustrie werden zu Motoren der wirtschaftlichen Entwicklung. Deutschland ist hochgerüstet, ebenso die anderen europäischen Länder. Es raucht und stampft in den Zentren der Industrie.

Das Milieu der Arbeiter hat sich in politischen Parteien definiert und es regt sich der Zweifel bei europäischen Intellektuellen, ob mit der anwachsenden Macht der Maschinen nicht auch die Seelen der Menschen verloren gehen könnten. Hesse beschreibt die Seele als einen Ort, in dem Zweifel, Sorge und Hoffnung wohnen und er träumt vom Wiederfinden der „seelischen Lebenskunst" und des „seelischen Gemeinbesitzes". Im Westen vermisst er eine „geschirmte, gepflegte und vertrauensvolle Religiosität". Der erste Weltkrieg mit seinen Millionen Toten scheint dann wie ein Beweis für den gigantischen kollektiven Verlust, der mit dem Erlöschen der Seele einhergeht.[6]

Ein knappes Jahrzehnt später, 1922, rechnet der linke Autor Ernst Toller in seinem Stück „Die Maschinenstürmer" mit dem Maschinenzeitalter ab. Der Plot verlegt die Debatte ins Jahrhundert zuvor: Die Textilarbeiter Nottinghams sollen 1815 im Aufkommen des Frühkapitalismus durch Maschinen ersetzt werden. Zwei Arbeiterführer mobilisieren die Massen: Jimmy Cobbett predigt Verhandlungen und einen politischen Weg, um die Arbeitsverhältnisse zu verändern. John Wible dagegen setzt auf Gewalt und Zerstörung der Maschine. Ein wahnsinniger Ingenieur, dessen Seele über dem Bau der Maschinen zerstört wurde, tritt auf und verkündet die Macht der Maschinen über die Menschen.

Ingenieur auf der Brücke mit irrer Gebärde:
Hihuhahaha. Ich aber sage euch, die Maschine ist nicht tot ... Sie lebt! Sie lebt ...
Ausstreckt sie die Pranken, Menschen umklammernd krallend die zackigen Finger ins blutende Herz ...
Hihuhahaha ... Hihuhahaha
Gen die umfriedeten Dörfer wälzen sich stampfende Heere ...
Hindorren die Gärten, verpestet vom schwefʼlichen Hauch
Und es wachsen die steinernen Wüsten, die kindermordenden
Und es leitet ein grausames Uhrwerk die Menschen
In freudlosem Takte ...
Ticktack der Morgen ... Ticktack der Mittag ... Ticktack der Abend ...
Einer ist Arm, einer ist Bein ... einer ist Hirn ...
Und die Seele, die Seele ist tot ...

Alle in magischer Andacht:
Und die Seele, die Seele ist tot ...
Stille
Ingenieur lacht

Alle:
Er lacht! Er ist besessen!
Ruf:
Besessen vom Geist der Maschine![7]

Doch Toller belässt es nicht bei der oberflächlichen Dämonisierung der Technik. Er lässt die Hauptfigur Cobbett, den nachdenklicheren der beiden Arbeiterführer sagen: „Nicht gegen die Maschine, gegen die Ausbeuter müsst ihr kämpfen. Nicht mit dem Knüppel, sondern mit dem Kopf. Es leben andere Feinde, gewaltiger als das Gerüst von Eisen, Schrauben, Drähten, Holz, das man Maschine nennt."

Das Zeitalter der industriellen Revolution und die damit verbundenen umwälzenden Veränderungen der Lebensverhältnisse, haben bereits vor zweihundert Jahren ein Nachdenken darüber initiiert, was den Unterschied ausmacht zwischen der beseelten und der unbeseelten Materie. Dabei stellt sich zwangsläufig die Frage, ob es so etwas wie eine Seele gibt und was sie denn sei.

Man hatte sich in der Aufklärung von den Dogmen der christlichen Kirche verabschiedet, die – im Katholizismus – einen Dualismus von Leib und Seele behauptet, der Seele eine eigene Entität und Substanz zusprach und ihr als einer Art göttlicher Funke den Vorzug vor dem Leib gab.

Man hatte sich mit Immanuel Kants Erkenntniskritik verabschiedet vom Versuch, der Seele im philosophischen Denkgebäude einen Platz zuzugestehen. Nach Kants Überzeugung sind Begriffe wie Welt, Gott oder eben Seele Vorstellungen, die nicht auf repräsentative Objekte bezogen werden können.

Damit war der Anfang gemacht, den Seelenbegriff in der akademisch-universitären Sprache zum Verstummen zu bringen: Zu unpräzise, zu vieldeutig, zu vorbelastet schien das Wort „Seele". In einer philosophischen Welt der präzisen Logik und Kausalität war die Vorstellung von der Seele undeutlich, kontraproduktiv, anarchisch und subversiv. In der Welt der empirischen Wissenschaften wurde die Rede von der Seele bald zur verstaubten und belächelten Ruine einer abendländischen Denktradition.

In seinem berühmten Essay „Über das Marionettentheater", der 1810 in vier Folgen in den *Berliner Abendblättern* erschien, beschäftigt sich der Dichter Heinrich von Kleist mit dem Einfluss der Seele auf die menschliche Erscheinung. Die unbewusste natürliche Schönheit wird gefeiert gegenüber der künstlich eingeübten Geste. Der fiktive Autor des Essays tritt in einen Dialog mit einem bekannten Schauspieler, der häufiger beim Besuch eines Marionettentheaters gesehen worden war. Die beiden unterhalten sich über die Schönheit des Unbewussten und die Seele als Link zwischen der unbelebten Materie und Gott am Beispiel des Tanzes:

> *Ich fragte ihn, ob er glaube, dass der Maschinist, der diese Puppen regiere, selbst ein Tänzer sein, oder wenigstens einen Begriff vom Schönen im Tanz haben müsse? Er erwiderte, dass wenn ein Geschäft, von seiner mechanischen Seite, leicht sei, daraus noch nicht folge, dass es ganz ohne Empfindung betrieben werden könne. Die Linie, die der Schwerpunkt zu beschreiben hat, wäre zwar sehr einfach und – wie er glaube in den meisten Fällen grad …*

> *Dagegen wäre diese Linie wieder, von einer anderen Seite, etwas sehr Geheimnisvolles. Denn sie wäre nichts anderes als der Weg der Seele des Tänzers; und er zweifle, dass sie anders gefunden werden könne, als dadurch, dass sich der Maschinist in den Schwerpunkt der Marionette versetzt, d. h. mit anderen Worten, tanzt.*[8]

So unterstellt Kleist, dass auch bei einem technisch komplexen Vorgang so etwas wie „Seele" im Spiel ist. Und dass der Tanz der Puppen Ausdruck der Seele des Marionettenspielers ist. Wenn Kleist recht hat und der Marionettenspieler in all seinen mechanisierten Geschöpfen selber tanzt, so bedeutet das heute, dass auch in Computerprogrammen die Seele des Programmierers erkennbar wird und in den größten Netzwerken der Welt ein Psychogramm ihrer Schöpfer zu finden sein muss.

Es geht bei der Rede von der Seele also um ein wirksames *Nicht-Etwas*. Um ein definitorisches Vakuum. Um die Beschreibung einer Leerstelle. Um das Wort für jene weltberühmte Lücke, die im Deckengemälde der Sixtinischen Kapelle von Michelangelo zwischen dem Finger Gottes und dem des Menschen klafft. Der Schöpfungsakt wird im Gemälde erzählt als ein nichtdarstellbarer Raum, als Hauch und luftiger Abstand zwischen Schöpfer und Adam.

Gott, der seine Geschöpfe lebendig macht und in Bewegung bringt, drückt seine Schöpfermacht aus in einem Zwischenraum. Gott ist in der Lücke.

Künstler und Handwerker haben ein Gespür für das unsichtbar Wirkende, das die Seele ausmacht. Dosso Dossi malt in der Zeit zwischen 1525 und 1530 das Gemälde „Jupiter, Merkur und die Tugend". In einem Ausschnitt wird der Schöpfer Jupiter als Künstler dargestellt, der die Seelen der Menschen zum Leben erweckt, indem er sie als Schmetterlinge malt. Neben dem seiner Malerei zugewandten Jupiter sitzt der Götterbote Hermes und wendet sich dem Betrachter zu. Er legt den Zeigefinger auf den Mund und gemahnt den Betrachter, über das Wunder der Seele zu schweigen.

Die Seele ist dabei das Unsagbare oder eben der freie Raum, der die Form einer Gestalt vorgibt: So nennen Architekten bei der Wendeltreppe jenen freien (oder tragenden) Teil, um den sich die Stufen spiralförmig winden, *die Seele*.

Auch der eingedrehte dünne Strang im Kern eines Seils wird *Seele* genannt, bei Geschützen wird der Hohlraum im Lauf als *Seele* bezeichnet. Goldschmiede nennen den Raum, um den herum ein Gefäß entsteht, *Seele*. Und das Innere einer Trachealkanüle, die man auf der Intensivstation Menschen in die Lunge einführt, die nicht mehr atmen können, nennt man *Seele*. Diese „Seele" ist ein Einmalprodukt.

Das Wort Seele beschreibt also das formgebende Ungeformte, von dem schon der griechische Philosoph Aristoteles sprach, aber auch die Zielgerichtetheit, die Energie, Durchschlagskraft und Dynamik, die das Bild vom Hohlraum des Geschützes assoziiert, den Roten Faden einer Sache oder eines Menschen, und auch die gedachte und vorgestellte innere Form.

Zerbricht das Gefäß, bleiben nichts als Scherben. Stürzt die Wendeltreppe ein, ist auch das Nichts, das ihr die Form verliehen hat, dahin. Dröselt man ein Seil auf, bleibt bloß Fadengewirr, und wird das Geschütz umgeschmiedet, verschwinden Richtung und Ziel.

Auch die innere Achse der Spirale, der Helix, trägt den Namen *Seele* und gemahnt an die Form der DNA, des biologischen Bauplans allen

Lebens. Sie macht einen jeden Menschen unverwechselbar. Wenn der Mensch stirbt, kann sie noch lange nachgewiesen werden. Dann aber zerfällt sie zu nichts.

Seele meint also das unsichtbare Unbekannte, ohne das alles Lebendige nichts ist. Meint das undefinierbare Etwas, das aus Teilen ein lebendiges Ganzes macht. Der chinesische Philosoph Lao-Tse, Begründer des Daoismus oder der „Lehre vom Weg“ vor zweieinhalb Jahrtausenden, formuliert in seinem *Buch vom Weg* die prägende Bedeutung dieses Nichts, das er „Nutzen“ nennt.

Dreißig Speichen umringen die Nabe
Wo nichts ist
Liegt der Nutzen des Rads

Aus Ton formt der Töpfer den Topf
Wo er hohl ist
Liegt der Nutzen des Topfs

Tür und Fenster höhlen die Wände
Wo es leer bleibt
Liegt der Nutzen des Hauses

So bringt Seiendes Gewinn
Doch Nichtseiendes Nutzen[9]

Wie von etwas reden, das es nicht gibt, und das dennoch intuitiv erfahren wird als „Nichts, ohne das alles nichts wäre“? Entsprechend metaphorisch ist die Rede von der Seele in ihren kulturellen Zusammenhängen. Sie wird symbolisiert im Schmetterling, der aus der Raupenhülle kriechend seine Gestalt ändert, sie nimmt Gestalt an als Brücke und Pfeil, als Vogel, als Feuer, Luft und Atem, als Sprache und Musik. Sie steht für das Unbewusste, die Sprache des Traums und der Passagen des menschlichen Geistes in innere Welten.

Ja, man könnte das Wort „Seele“ selbst als Metapher beschreiben für das Leben in seinen inneren Zusammenhängen, als die Bewegung des Menschen in das Andere hinein.

Der Religionswissenschaftler Kocku von Stuckrad hat in seinem Buch die „Die Seele im 20. Jahrhundert“ von 2019 gezeigt, wie sich im 19. und 20. Jahrhundert die Seelendiskurse neu organisierten – vorbei an der „Wissenschaft von der Seele“, der Psychologie. In deren Wörterbüchern, Lehrbüchern und Datenbanken ist das Wort „Seele“ oder „Soul“ nicht mehr zu finden. Die Seele wird in die semantischen Landschaften der Religion verwiesen. Dabei wäre möglicherweise gerade der Seelenbegriff geeignet, den Riss zwischen den empirischen Lebenswissenschaften und den Geisteswissenschaften, insbesondere der Philosophie und der Theologie, zu überbrücken. Die Neuro- und Kognitionswissenschaften, die einem naturwissenschaftlich-empirischen Paradigma folgen, müssten sich nicht mehr in einer seelenlosen Echokammer bewegen. Und die Seele wäre ein Schlüsselbegriff, unter dem sich die unterschiedlichen Denkansätze der Lebens- und der Geisteswissenschaft treffen könnten.[10] Der Verlust des Seelenbegriffs hat in den letzten hundert Jahren nämlich dazu geführt, dass sich die esoterischen Diskurse und Denkfiguren weitab von der naturwissenschaftlichen Erkenntnis trotzig behauptet haben. Manchmal mit absurden Auswüchsen.

Ob man sich mit okkultischen Bewegungen befasst oder den Schamanismus neu entdeckt, ob man die religiösen Perspektiven der Punk-, Gothic- oder Hare-Krishna-Bewegungen in den Blick nimmt oder in der Religionsforschung Phänomene wie Rausch, Ekstase und Tanz behandelt – bei all diesen Bewegungen steht die Frage nach dem Ganzen und dessen Vergänglichkeit im Zentrum. Auch spirituelle Bewegungen, die

die Heiligkeit der Natur wiederentdecken, vom Naturschutz bis zum Bäume-Umarmen, haben global Anhänger gewonnen, die – siehe die Aktivisten von Greenpeace oder Sea Shepherd – auch einen politischen Flügel entwickeln.

Aber auch bei der Entdeckung systemischer Zusammenhänge der belebten Natur in den ökologischen Bewegungen des ausgehenden 20. Jahrhunderts liegt die Frage nach der Sakralisierung der Natur ganz vorne. Die sogenannte „grüne Religion" verbindet geisteswissenschaftliche und auch theologische Aspekte mit den neueren Naturwissenschaften, die in interdisziplinären Zugängen versuchen, die Dynamiken des Lebens und ihrer inneren Zusammenhänge zu erfassen. Insofern könnte es die konkurrierenden Weltanschauungen versöhnen, wenn man sich des Begriffs der Seele neu entsänne – nicht als physikalisch messbare Entität, nicht als innermenschlicher Herrschaftsraum der Bischöfe und Päpste, sondern als Begriff für das System der Lebendigkeit. Ein Begriff der Seele, der im Inneren die Welt nach einem dynamischen Prinzip der Resonanz zusammenhält.

Die Spur der Worte

Der Begriff „Seele“ mag zwar aus den naturwissenschaftlichen und auch den wissenschaftlich-theologischen Sprachräumen ausgewandert sein, doch ist er in der Alltagssprache der Menschen unverändert vital. Wir sprechen, wenn wir von „Seele“ sprechen, immer von etwas anderem als dem Körper. Seele meint etwas, das über unsere körperliche Befindlichkeit hinausgeht.

Seele ist nunmehr ein Dach- oder Schirmbegriff, der nicht eine eigene Entität beschreibt, sondern unbestimmte, aber nachvollziehbare Dimensionen des Fühlens und des impliziten Wissens. Seele beschreibt also Dimensionen der Innerlichkeit, der Unkörperlichkeit, der Wesentlichkeit, möglicherweise der Unsterblichkeit und sicher der Unfassbarkeit.

Nach wie vor sprechen wir davon, dass zwei Menschen „ein Herz und eine Seele“ sind, sich „seelenverwandt“ fühlen, ein Gebäude „seelenlos“ wirkt oder mir jemand „aus der Seele“ spricht. Da ist einer mit „Leib und Seele“ dabei, und wieder ein anderer redet sich eine Last „von der Seele“. Gutes Essen und ein guter Trunk indessen halten „Leib und Seele“ zusammen.

Man kann sich die „Seele aus dem Leib“ schreien oder jemandem die „Seele aus dem Leib“ prügeln und man stimmt einem Redner „aus tiefster Seele“ zu. Eine „Seele von Mensch“, ist jemand, der sich um andere kümmert, eine „alte“ Seele bezeichnet einen weisen Menschen, eine „schwarze“ Seele einen bösen. Man kann seine Seele sogar verkaufen, das wissen viele Märchen. Das geht aber nie gut aus.

Bei der Amtseinführung des amerikanischen Präsidenten Joe Biden 2021 wurde wohl kein Wort häufiger verwendet als die „Seele“. Fast alle Redner sprachen davon, dass die „Seele Amerikas“ zerrissen sei und nun geheilt werden müsse. Jeder Zuschauer und jede Zuhörerin – und es waren Milliarden – wusste, was gemeint war und doch wären alle ins Stammeln geraten, hätte man sie gefragt, was genau so eine Seele denn sei. Eine nationale Identität vielleicht, die sich speist aus gemeinsamen Kämpfen und Erinnerungen, der Überwindung von Sklaverei und Krieg, aus Kunst, Kultur und der Frage, wie es für alle weitergeht. Oder was meint Woody Guthries Lied sonst?

This land is your land and this land is my land
From California to the New York Island
From the Redwood Forest to the Gulf Stream waters
This land was made for you and me ...[11]

Genau kann man es nicht sagen, man kann es bloß spüren. Seele ist ein Wort, das Wesentliches beschreibt, ohne dass man es definieren könnte.

Selbstgespräche

Allein die Existenz reflexiver Verben in fast allen Sprachen der Welt zeigt, dass wir Menschen uns im Denken als Subjekt und Objekt zugleich verstehen können: Wenn ein Subjekt etwas macht, das sich auf das Subjekt selbst bezieht, dann muss das Subjekt zugleich auch das Objekt der Aktion sein.

So können wir uns nicht nur selbst die Zähne putzen oder die Haare föhnen, sondern wir sprechen auch davon, uns selbst zu trösten. Wir können uns selbst betrügen und belügen, wir können uns ängstigen und uns beklagen, wir können uns informieren und uns interessieren, wir können es uns gut gehen lassen und uns ausruhen, wir können uns ärgern und uns entscheiden, wir können uns wohlfühlen und verirren, wir können uns verlieben und – wir können uns sogar ändern. In jedem Fall existiert in unserer Sprache das Selbst als eine Instanz, die mit sich selbst kommunizieren kann. Dieses Reflexionsfeld, diesen Resonanzraum nennen wir „Selbstbewusstsein".

Die Kluft zwischen der naturwissenschaftlichen und technischen Abbildung menschlicher Denk- und Gefühlsprozesse und der Wirklichkeit der Sprache könnte tiefer nicht sein. Sprache schafft Evidenzen, die von der naturwissenschaftlichen Logik nicht erfasst werden können. Die Philosophen Paul Ricœur und Hans Blumenberg nähern sich diesem Phänomen auf unterschiedliche Weise. Für beide aber ist der Begriff der Metapher erkenntnisleitend.

Eine Metapher beschreibt bekanntlich Phänomene in Bildern und verdeutlicht Gemeintes, indem Bilder aus anderen Kontexten zur Beschreibung herangezogen werden. Es entsteht also in der zwischenmenschlichen Kommunikation eine Bildsprache, die Unsagbares sagbar macht und gerade durch Überraschung und assoziative Freiheit die Wahrnehmung der Menschen erweitert und Begriffe von Scheuklappen befreit.

Blumenberg sagt: Die Sprache schafft Bilder für die Wahrnehmung, die eine „unmittelbar einleuchtende Bedeutung eröffnen, die sich anders als metaphorisch nicht, oder (noch) nicht aussagen lässt.[12]

Eine Metapher für das Selbst-Sein des Menschen, seine Individualität und seine Offenheit gegenüber der Welt und Gott scheint der Begriff „Seele" zu sein.

„In der Philosophie nennt man einen ‚Begriff', was man in der Dichtung ‚Metapher' nennt. Das Denken schöpft aus dem Sichtbaren seine Begriffe, um das Unsichtbare zu bezeichnen", schrieb die Philosophin Hannah Arendt[13], und der französische Philosoph Paul Ricœur bezeichnete die Metapher als „Instrument der Welterfassung" und als einen Weg, „Denkprozesse zu beginnen und zu befördern".[14] Metaphern sind also Begriffe, die einen Denkprozess anstoßen, der niemals zum Abschluss kommt.

Für dieses Offenhalten des Denkens durch Sprache wäre eine Re-Animation des Seelenbegriffs auch in Philosophie und Theologie ein

Zugeständnis, das Geheimnis des Lebendigen zu schätzen und sich nicht ausschließlich mit der Wortwelt der empirischen Psychologie, der Bio- und der Neurowissenschaften zu begnügen.

Viele Sprachschöpfungen, die das biblische Erbe in der theologischen, kirchlichen und liturgischen Sprache übermitteln, haben einen metaphorischen Charakter und wirken im anerkannten akademischen Wortschatz bedeutungslos und veraltet. Trotzdem gehen mit ihnen zugleich ganze Welten der Empfindungen und Denkhorizonte unter.

Ist in der jüdisch-christlichen Tradition von Vergebung die Rede, von Erlösung, Sünde und Trost, ja von Gott und der Seele – so sind diese Begriffe in dem Sinne metaphorisch, als sie keinem beschriebenen Objekt entsprechen, sondern unbeschreibliche Erfahrungen umfassen. Begriffe, die dem Einzelnen die Möglichkeit geben, eigentlich unbeschreibliche und ureigene Erfahrungen zu benennen. Sie bezeichnen die Wirklichkeiten des Inneren.

Der Begriff der Seele hat möglicherweise deshalb wieder eine vorsichtige Konjunktur, weil er das Geheimnis des Lebendigen vor der vollständigen Vermessung des Menschen in Daten zu retten verspricht. Seele wird zur Parole des Widerstands gegen ein Denken, das den Menschen auf Handlungs- und Entscheidungsdimensionen reduzieren möchte. Gab es im Zeitalter der Industrialisierung jenen Aufschrei des wahnsinnigen Ingenieurs („Die Seele, die Seele ist tot!"), so gilt es jetzt Begriffe für das zu finden, was stirbt, wenn wir mit unserem Denken und Empfinden in den Netzwelten untergehen. Wenn unsere Innenwelt in einer Art digitalem Vampirismus verwertet und verbraucht wird.

Die Ausbeutung der Seele

Das Versprechen der Netzkonzerne, potenziell die Kommunikation zwischen allen Individuen dieses Planeten zu ermöglichen, verschleiert, dass alles, was zwischen den Menschen (mithilfe von Maschinen) ausgetauscht wird, gleichzeitig in zentralen Verarbeitungssystemen protokolliert und ausgewertet wird.

Hier übernehmen technische Systeme die Macht über ihre Nutzer und verwenden die Daten, um Menschen zu kontrollieren und zu manipulieren.

Ziel ist die „unmittelbare Beherrschung des Menschen und des Gesamtsystems aus Mensch, Gesellschaft und Technologie".[15]

Das weitere Ziel ist eine Art Ausweiden des menschlichen Nutzers und nützlichen Menschen und seiner „Seele". Denn die digitale Technik macht es möglich, die inneren Zustände von Menschen zu erfassen und womöglich zu navigieren. Schon jetzt erfassen soziale Netzwerke die Wünsche und Träume ihrer User und prognostizieren deren Handlungen – insbesondere im Hinblick auf künftigen Konsum.

An der amerikanischen Universität Standford werden seit Jahrzehnten Technologien entwickelt, die Überzeugungen von Menschen in eine bestimmte Richtung lenken sollen. Umgekehrt wird an einem *affective computing* geforscht, also an der Möglichkeit, auf die Gefühle des Menschen einzuwirken beziehungsweise mit Computern menschliche Affekte zu simulieren.[16]

Diese Systeme (genannt GAFAM, ein Akronym für die fünf größten Internetunternehmen: Google, Apple, Facebook, Amazon, Microsoft), die bereits heute eine schier unüberwindliche gesellschaftliche und politische Macht auf sich versammeln, scannen unsere Gefühls-, Handlungs- und Entscheidungsprozesse, um umgekehrt unsere Gefühle, Handlungen und Entscheidungen zu kontrollieren – sei es, um uns als Konsumenten zu beeinflussen, als Bürger oder als Wähler.

Unversehens vollzieht sich auf klandestine Weise eine Art Seelenraub. Was mit dem Begriff der Seele offengelassen und im Undefinierten gehalten wird, als Synonym für die unsagbaren Möglichkeiten menschlichen Geistes und menschlicher Fantasie, wird nun durch die Datenanalyse in 0/1 oder in Ja/nein-Logik gefasst und damit in die Enge einer Definition geführt. Paul Nemitz, Chefberater in der Generaldirektion Justiz und Verbraucher der Europäischen Kommission schreibt 2020 in seinem Buch „Prinzip Mensch":

> *Längst hat die Kolonisierung der Innenwelt begonnen. Wenn die Außenwelt vollständig erobert ist, ist die Innenwelt des Menschen dran. Mit der Innenwelt soll nach derselben Eroberungslogik verfahren werden, die die Siedler auf dem Weg gen Westen nutzten: Abstecken. Vermessen. Verfügen.*

Die kalifornische Ideologie schlägt … nun den Weg ins Innerste der Subjekte ein.[17]

Prägendes Modell für unsere inneren Dynamiken wird in solchen Denkfiguren das Programm und der Computer. Das ganze Leben des Menschen wird als Simulation begriffen, wie Computerprogramme sie vornehmen.

Der deutsche Technikphilosoph Thomas Metzinger schrieb 2009 in seinem Buch „Der Ego-Tunnel":

Zuerst erzeugt unser Gehirn eine Simulation der Welt, die so perfekt ist, dass wir sie nicht als ein Bild in unserem eigenen Geist erkennen können. Dann generiert es ein inneres Bild von uns selbst als einer Ganzheit. Dieses Bild umfasst nicht nur unseren Körper und unsere mentalen Zustände, sondern auch unsere Beziehung zur Vergangenheit und zur Zukunft sowie zu anderen bewussten Wesen. Dieses innere Bild der Person-als-ganzer ist das phänomenale Ego, das „Ich" oder „Selbst", so wie es im bewussten Erleben scheint. […] Das phänomenale Ego ist kein geheimnisvolles Ding und auch kein kleines

Männchen im Kopf, sondern der Inhalt eines inneren Bildes.[18]

All unsere Wahrnehmungen, alles was wir empfinden und erleben, seien also eine Art Spiegelung einer für uns letztlich unerkennbaren Wirklichkeit. Die ganze Welt eine Konstruktion meines inneren Programms. Metzinger ist der Überzeugung, dass dieses innere Programm, das bei unserem Erleben, Wahrnehmen und Denken „abläuft", noch ziemlich unpräzise sei.

Wir können nur sehr schlecht voraussagen, was uns als nächstes einfällt, woran wir uns erinnern, was für ein diffuses Gefühl in uns aufsteigt. Die Leute werden lernen, dass unser eigener Geist völlig anders ist, als wir uns das immer gedacht haben - also sehr unkontrolliert, sehr chaotisch und auch sehr traumatisch.[19]

„Man muss noch Chaos in sich haben, um einen tanzenden Stern gebären zu können", würde der Philosoph Friedrich Nietzsche darauf vermutlich antworten. Und ist nicht gerade das Chaos das Geheimnis menschlicher Kreativität?

Bei einer technischen Betrachtung der Arbeit im menschlichen Gehirn kann der Begriff der Seele jedenfalls kein Faktor sein.

Verloren gehen dabei das Geheimnis und die Freiheit. Verloren geht auch die Bewunderung des Menschen für sich selbst und alle beseelte Schöpfung.

Das Hochgefühl, die Mona Lisa zu betrachten, das Glück, etwas verstanden zu haben, der Geschmack von Spaghetti Pomodoro, der Schmerz eines Abschieds, der Zusammenbruch bei einer Niederlage, die Angst vor dem Tod, die Tränen beim Hören der Matthäuspassion oder der Stimme von Adele, das Glück beim Geruch einer Frühlingswiese, ein vollmundiger Rotwein – all diese Empfindungen können Neurowissenschaftler wohl in Gehirnströmen messen und in gewissen Gehirnregionen verorten, aber wir Menschen er-leben sie. Denn wir haben Körper, vom Sauerstoff betriebene Glieder und Organe, die uns an den Planeten heften und uns äußerste Freude und gewaltigen Schmerz erleben lassen. Aus diesem Erleben steigt dann chaotisch (vielleicht), traumatisch (vielleicht), unkontrolliert (vielleicht) etwas Neues herauf. Ein Ausdruck individueller Existenz, unvergleichlicher Einzigartigkeit eines jeden Menschen.

Aus diesem individuellen Erleben wird Sprache geboren, Kunst und Handwerk. Aus diesem Erleben, das ohne Körper undenkbar ist, entsteht Welt-Wahrnehmung, entstehen Gefühlswelten, die der Grund sind für Feindschaft und Freundschaft, für Glauben, Hoffen, Lieben. Religion, Literatur und Poesie sind die Orte, an denen diese Welten ihren Ausdruck finden in Musik, Sprache und Ritual. Dort finden und feiern wir die Metaphern unseres inneren Erlebens.

Die Sprache der Computer

Wir erleben derzeit, dass sich die computergesteuerte Um- und Mitwelt eine eigene Sprache schafft mit Metaphern, die der Welt der Softwareprogrammierung entnommen ist. So haben wir „etwas auf dem Schirm", anstatt wie früher etwas zu versprechen oder an jemanden zu denken. Nicht mehr die Vergegenwärtigung von Menschen oder Dingen vor dem inneren Auge wird also beschrieben, vielmehr wird das Gedenken und Erinnern nach außen verlagert und wir haben Subjekte, an die wir denken wollen, „auf dem (Bild-)Schirm".

Wir „canceln" Verabredungen und sagen sie nicht mehr ab. Wir „speichern" etwas, anstatt uns zu erinnern, wir „updaten" uns, wo wir vormals Neuigkeiten austauschten und machen keinen Neuanfang, sondern ein „Reset". Zunehmend übernehmen wir die Computersprache, wenn wir erinnern, vergessen, „escapen" oder versuchen, etwas ungeschehen zu machen („delete"). Wir vertrauen unsere Gedanken nicht mehr dem Himmel an, sondern der „Cloud" und versammeln uns nicht in Gemeinden, sondern in „Netz-Communities".

Wir vergleichen menschliches Verhalten mit Programmen. Und wie im 19. Jahrhundert der Mensch zum Modell der Maschine wurde und das Menschen- und Körperbild mechanische Aspekte bekam, so beeinflusst heute die Computerwissenschaft das Bild vom Menschen, so dass sich der Geist mit Programmen vergleicht und Denkvorgänge mit algorithmischen Rechenschritten. Die Alltagssprache ist dabei, ihre religiösen Konnotationen mit denen aus der Computersprache zu vertauschen.

Dabei ist es interessant, dass auch die Computerwissenschaft mit Metaphern und Mythen arbeitet. Man nehme den durchschlagenden und alle Diskurse penetrierenden Begriff der „Künstlichen Intelligenz", der zu einer Art Marketingbegriff für den digitalen Fortschritt geworden ist. Der Begriff vermenschlicht Rechenmaschinen und schreibt ihnen eine gewisse Verwandtschaft mit menschlicher (und demnächst göttlicher?) Intelligenz zu.

Wir sagen von Programmen, dass sie „nachdenken" oder „entscheiden".

Dabei unterscheiden sich die Denk- und Rechenvorgänge von Mensch und algorithmischen Systemen substanziell. Die menschliche Intelligenz reagiert intuitiv, entwickelt Problembewusstsein und Empfindungen gegenüber dem Gegenstand, über den nachgedacht wird. Dabei beeinflussen Erfahrungen und Empfindungen die Einordnung von Themen ebenso wie die Kontextualisierung von Problemen in einen menschlichen Geist, der leibliche Dimensionen hat.

Die menschliche Intelligenz speist in die Problemlösung Erinnerungen und Verletzungen ein, stellt Wertefragen, übt Kritik, denkt über komplexe Folgen etwaiger Handlungen nach.

Jeder Mensch verfügt zudem über eine ganz spezielle und unverwechselbare Kombination aus unterschiedlichen Formen von Intelligenz.

Insofern sollte man auch den Begriff der Künstlichen Intelligenz entmystifizieren und auflisten, was Künstliche Intelligenz heute kann und was nicht – und man sollte klären, ob ihr die Definition als „Intelligenz" überhaupt zusteht. Oder ist es nicht korrekt, wenn man von „Abfolgen von Rechenakten" spricht beziehungsweise von „algorithmischen Systemen"? Damit wäre der Unterschied von Mensch und Maschine erfasst und es entstünde kein Bildnis vom Menschen im Spiegel des Computers.

Die Metaphernbildung in den empirischen Wissenschaften wird angesichts der gegenseitigen Einflussnahme von Kognitionswissenschaft und Computerwissenschaft besonders evident. Man findet sie aber auch bei altehrwürdigen Wissenschaften wie der Astrophysik, wenn zum Beispiel der mystische Begriff der „Schwarzen Löcher" beschrieben wird als „gefräßige Kreaturen oder als „Reisemöglichkeit".[20]

Genauso kann wohl der Begriff der Seele verstanden werden als eine tiefe Metapher für das Lebendige mit all seinen intuitiven Wahrnehmungen, Erinnerungen und Erfahrungen, mit denen sich unser Leib im Raum orientiert.

Menschen haben Seelen und keinen Code

Der französische Philosoph La Mettrie veröffentlichte im Jahre 1748 das Werk „L'Homme Machine". Darin verabschiedete er den Begriff der Seele als „nutzlosen" Begriff, „von dem wir keinerlei Vorstellung haben". In seiner Perspektive sind die Funktionen, die der Seele einst zugeschrieben waren, nichts weiter als das Resultat körperlicher Prozesse, die sich in den Gehirnfasern abspielen und auf bestimmte pflanzliche oder tierische Art organisiert sind. Allenfalls der Grad der Organisation findet – entsprechend der Masse und Leistungsfähigkeit des Gehirns – auf unterschiedlichem Niveau statt.[21]

Mit dem Aufkommen der Phrenologie rückte dann im 19. Jahrhundert die Vorstellung ins Bewusstsein, das Gehirn sei das alleinige Zentrum aller Gefühlsregungen. Das Hirn galt mit seinen Funktionen nun als zentrale Schaltstelle und aus der Entdeckung von Nervenzellen und Neuronen entwickelten sich die Neurowissenschaften, die das Ziel hatten nachzuweisen, dass letztlich alle Prozesse des Bewusstseins auf Zustände im zentralen Nervensystem zurückzuführen sind.

Und man gelangte zur Vorstellung, das Gehirn sei eine gigantische Ansammlung neuronaler „Spinnennetze“, in denen elektrische Impulse weitergeleitet werden. Jean-Pierre Changeux, Professor für Neurobiologie am Collège de France[22], verfestigt in der Wissenschaft schließlich die Überzeugung, dass sich alle mentalen Aktivitäten beim Menschen auf physikalisch-chemische Prozesse zurückführen lassen.

Aus dieser mechanistischen und materialistischen Menschensicht entwickeln sich schließlich die Kognitions- und Neurowissenschaften, die ebenfalls daran festhalten, die im Begriff der „Seele“ angesiedelten Vorstellungslandschaften seien als untergegangen zu betrachten. Bisweilen wird der Untergang der metaphysischen Begriffe sogar als Triumph gefeiert: Mit der Seele habe man auch Gott abgeschafft. Man könne nun messen und nachweisen, dass es keinen Gott gibt.

Vielleicht gelingt dieser Wissenschaft ein objektivierender Blick auf das menschliche Denken und Fühlen und sicher ist dies ein Gewinn für die

Medizin, die Pharmakologie und die Computerwissenschaft. Aber sollten wir nicht auch nach den Verlusten fragen? Was geht verloren, wenn Gott und Seele abhandenkommen?

2004 veröffentlichten elf führende Hirnforscher – die bekanntesten von ihnen sind die Leiter neurologischer Forschungsinstitute, Wolf Singer in Frankfurt und Gerhard Roth in Bremen – ein „Manifest", in dem sie die Neurowissenschaften als Königsdisziplin der Wissenschaft vom Menschen proklamierten: „Was wissen und können Hirnforscher heute". Darin formulieren sie ein für ihre Disziplin bleibendes Credo:

> *Wir haben herausgefunden, dass im menschlichen Gehirn neuronale Prozesse und bewusst erlebte geistig-psychische Zustände aufs Engste miteinander zusammenhängen und unbewusste Prozesse bewussten in bestimmter Weise vorausgehen. Die Daten, die mit modernen bildgebenden Verfahren gewonnen wurden, weisen darauf hin, dass sämtliche innerpsychischen Prozesse mit neuronalen Vorgängen in bestimmten Hirnarealen einhergehen – zum Beispiel Imagination, Empathie, das Erleben von Empfindungen und das Treffen von Ent-*

scheidungen beziehungsweise die absichtsvolle Planung von Handlungen. Auch wenn wir die genauen Details noch nicht kennen, können wir davon ausgehen, dass all diese Prozesse grundsätzlich durch physiochemische Vorgänge beschreibbar sind. Diese näher zu erforschen, ist die Aufgabe der Hirnforschung in den kommenden Jahren und Jahrzehnten.

Geist und Bewusstsein – wie einzigartig sie von uns auch empfunden werden – fügen sich also in das Naturgeschehen ein und übersteigen es nicht. Und: Geist und Bewusstsein sind nicht vom Himmel gefallen, sondern haben sich in der Evolution der Nervensysteme allmählich herausgebildet. Das ist vielleicht die wichtigste Erkenntnis der modernen Neurowissenschaften.[23]

„Nicht vom Himmel gefallen" sind Geist und Bewusstsein also, nicht „einzigartig" und sogar durch „physiochemische Vorgänge beschreibbar".

Diese Formulierung des Manifests geschieht absichtsvoll und in Abgrenzung zum religiös konnotierten Begriff der Seele. Aber was sagt die Beschreibung biochemischer Vorgänge letztlich aus? Auch wenn wir darstellen können, welche Areale des Gehirns aktiv sind, solange wir beten, Musik machen oder kochen: Was sagt das aus über das Flehentliche im Gebet, über die Ergriffenheit durch die Musik, über die Lust an der Speise? Das Manifest der Gehirnforscher räumt sogar ein, dass es für die sogenannte „Innenperspektive" des Menschen, die sich ja von Individuum zu Individuum unterschiedlich gestalte, keine Parameter einer objektiven Vermessung gibt.

> *Aller Fortschritt wird aber nicht in einem Triumph des neuronalen Reduktionismus enden. Selbst wenn wir irgendwann einmal sämtliche neuronalen Vorgänge aufgeklärt haben sollten, die dem Mitgefühl beim Menschen, seinem Verliebtsein oder seiner moralischen Verantwortung zugrunde liegen, so bleibt die Eigenständigkeit dieser „Innenperspektive" dennoch erhalten. Denn auch eine Fuge von Bach verliert nichts von ihrer Faszination, wenn man genau verstanden hat, wie sie aufgebaut ist. Die Hirnforschung wird klar unterscheiden müssen, was sie sagen kann und was außerhalb ihres Zuständigkeitsbereichs liegt,*

so wie die Musikwissenschaft – um bei diesem Beispiel zu bleiben – zu Bachs Fuge Einiges zu sagen hat, zur Erklärung ihrer einzigartigen Schönheit aber schweigen muss.[24]

Geist, Bewusstsein, Seele – alles unscharfe Begriffe, die innere Prozesse des Menschen beschreiben. Die wissenschaftlichen Annäherungen sind ebenso vielfältig wie die Begrifflichkeiten, mit denen das Zusammenwirken von Denken, Fühlen und Handeln beschrieben wird: Person. Persönlichkeit. Ich. Selbst. Identität. Subjekt. Selbst-Bewusstsein.

Als in der Mitte des 19. Jahrhunderts die empirischen Wissenschaften aufgehört hatten, von der „Seele" zu sprechen, überwinterte der Begriff in den Universitäten in den Instituten für Praktische Theologie, dort wo „Seelsorge" gelehrt wird. Die Psychologie, die ja die Psyche, den griechischen Begriff für Seele im Namen trägt, weist hingegen seit Beginn ihrer Universitätskarriere ein Vorhandensein der Seele von sich und versteht sich eher als Wissenschaft „ohne Seele".[25] Einige ihrer Vertreter positionierten sich bewusst gegen jede religiöse Interpretation psychischer Vorgänge. Und viele religiöse Konzepte und Begrifflichkeiten wurden in Frage gestellt.

Ernst Mach, Allround-Gelehrter und einer der Väter der Wissenschaftstheorie formulierte es Ende des 19. Jahrhunderts so:

> *Aber die freie Seele als wissenschaftliche Hypothese, und gar ein Forschen nach derselben ist meines Erachtens eine methodologische Verkehrtheit. Was uns insbesondere am Menschen als frei, willkürlich unberechenbar erscheint, ist nur wie ein leichter Schleier, wie ein Hauch, wie ein verhüllender Nebel über dem Automatischen.*[26]

Ähnlich äußert sich rund hundert Jahre später der Physiker, Molekularbiologe und Nobelpreisträger Francis Crick:

> *Ein moderner Neurobiologe braucht die religiöse Vorstellung einer Seele nicht, um das Verhalten von Menschen und anderen Lebewesen zu erklären: man erinnert sich hier daran, wie Napoleon, als Pierre-Simon Laplace ihm das Sonnensystem erklärt hatte, fragte: Und wo kommt Gott in all das hinein? Worauf Laplace*

antwortete: Sir, ich brauche diese Hypothese nicht.[27]

Dort, wo früher von der Seele die Rede war, sprechen wir jetzt vom Gehirn.

Und versuchen den Person-Begriff auch den algorithmischen Systemen zuzurechnen. In den nationalen und internationalen Gerichtshöfen denken Juristen über die Frage nach, inwieweit ein neuronales Netzwerk, eine sogenannte E-Person, juristische Verantwortung tragen könnte und ob sie verklagt werden könnte, wenn sie versagt. Gibt es demnächst Persönlichkeitsrechte für Roboter? In Saudi-Arabien erhielt die „Roboterfrau" Sophia 2017 die Bürgerrechte und gilt dort mehr als eine Frau. Und: zum Lutherjahr 2017 machte ein sogenannter Segensroboter medial Karriere, und Theologen stritten darüber, ob hinter jedem Segen ein Mensch stehen müsse, oder ob auch ein Roboter segnen könne.[28]

Es wird spekuliert, ob solche Maschinen eines schönen Tages so etwas wie ein Bewusstsein entwickeln könnten, also die Fähigkeit, über sich selbst nachzudenken, sich selbst zu beobachten oder gar radikal zu verändern.

In der Dynamik all dieser Entwicklungen bleibt der Begriff „Seele“ auf der Strecke: zu unscharf, zu religiös, empirisch unauffindbar. Wer dieses Wort im öffentlichen Diskurs noch verwendet, disqualifizierte sich bis vor Kurzem in akademischen Kreisen.

Und doch: Als Antwort auf das Manifest der Neurowissenschaften und im Horizont der revolutionären und oft als disruptiv, also zerstörerisch empfundenen technologischen Entwicklung der Digitalisierung fällt in den vergangenen Jahren eine wachsende Wiederannäherung unterschiedlicher Geisteswissenschaften an den Begriff der „Seele“ auf. So, als baue sich rund um diesen Begriff eine Art Revolte auf gegen das Verschlungenwerden durch die Digitalisierung. Der Begriff der Seele steht nun für das Ganze des Menschen, für seine Lebendigkeit, seine Intuition, für das Körpergefühl noch vor der Reflexion.

Die Neurowissenschaft und ihre wissenschaftlichen Unterstützerinnen, die Chemie, die Biologie und die Physik sind sich sicher zu wissen, „wie das Gehirn die Seele macht“[29]. Nach dem Stand der wissenschaftlichen Auseinandersetzung sprechen die Neurowissenschaften den Heilwissenschaften der Seele, wie der Psychologie und der Psychotherapie, der Philosophie und der Theologie jede Wirkkraft ab. Seelische Erkrankungen wie Depressionen oder Angstzustände sollen mit Medikamenten und Manipulationen der jeweiligen Gehirnareale wirksamer geheilt werden als mit Reden oder Beten. Und der Mensch selbst sei so vollständig determiniert in seinem sozialen Gewordensein, dass es ihm ohnehin unmöglich sei, sich wirklich zu ändern.

Auf vergleichbaren Annahmen beruhen die prognostischen Algorithmen, die in Kombination einer Vielzahl von Daten, die über uns gesammelt werden, unser Verhalten vorhersagen, bis dahin, dass sie – wie bei den vergangenen Wahlen in den USA geschehen – die Wähler mit persönlich zugeschnittenen Nachrichten zu manipulieren suchen. Die Neurowissenschaft kann sich also Hand in Hand mit den algorithmisch sortierten Daten zu einer gewaltigen Manipulationsmaschine auswachsen, wenn der Gesetzgeber nicht verhindert, dass die Algorithmen unser Menschenbild vollständig dominieren.

So formulierte der Hirnforscher Singer schon 2003:

Die Hirnforschung verändert in dramatischer Weise unser Menschenbild und damit die Grundlagen unserer Kultur, die Basis unserer ethischen und politischen Entscheidungen …

Wir müssen etwas vermitteln, was einem Frontalangriff auf unser Selbstverständnis und unsere Menschenwürde gleichkommt.[30]

Der Digitalisierung dient das menschliche Gehirn als „Role Model" für die Entwicklung neuronaler Netze, die dessen Funktionen und Vernetzungen imitieren – und perspektivisch unterstützen beziehungsweise optimieren sollen. Schon heute ist deutlich, dass algorithmische Rechenkünste – fokussieren sie sich auf ein begrenztes Feld von Kompetenzen wie etwa Schach – die menschliche Denkleistung weit hinter sich lassen. Algorithmen navigieren weite Bereiche unseres Lebens vom smarten Haus zum smarten Auto, vom smarten Büro bis zur smarten Stadt. Es gibt Roboter für die Pflege, digitale Kuscheltiere für autistische Kinder und auf individuelle Vorlieben programmierte Sex-Maschinen, mit denen weltweit inzwischen Milliardenumsätze erwirtschaftet werden.

Bislang jedoch sind Macht und Arbeitsweise der Algorithmen kontrollierbar, auch wenn sie als selbstlernende Programme auftreten. Es ist der Traum der Entwickler, jener modernen Marionettenspieler, die neuronalen Netzwerke derart zu verbessern, dass sie ihre Fähigkeiten in unterschiedlichen Bereichen schwellenlos verlinken und eines Tages denken wie Menschen – nur viel, viel besser. Sie können dann malen wie Leonardo da Vinci und dichten wie Goethe, unser Verhalten prognostizieren und eines Tages unsere Meinungsbildung steuern. (Doch kommt es auf unsere Meinung dann überhaupt noch an?) Sie regeln die Logistik unseres Alltags. Vielleicht bald auch die Logik unseres Denkens?

Wie eine Zukunft aussehen könnte, wenn sich algorithmische Systeme mit dem menschlichen Gehirn verbinden, das beschreibt der moderne Unheilsprophet Yuval Harari in seinem Buch „Homo Deus" sehr eindrücklich.

Er prognostiziert die Totaloptimierung des menschlichen Geistes durch die Cyberunterstützung, sodass die Menschheit sich bereits in der ersten Hälfte des 21. Jahrhunderts in unterschiedliche Kasten aufteilen wird: Hier die Wenigen, denen der Anschluss an algorithmische

Systeme offensteht und die sich auf diese Weise selbst optimieren können, sodass eine neue Sorte Mensch entsteht, befähigt, algorithmische Systeme zu beherrschen und dadurch Wissen und Macht anzuhäufen. Dort die Vielen, geistig zurückgeblieben und quasi auf eine andere, niedrigere Stufe des Menschseins zurückgeworfen. Harari nennt diesen Zustand Techno-Humanismus.

Und er sieht eine Datenreligion heraufziehen, den „Dataismus". Vergleichbar mit einer Ideologie, weil auch er in alle Lebens- und Entscheidungskreise des Menschen dominant eingreifen wird: der Glaube an die Daten und eine datengestützte Vermessung der Welt. Diese Datenreligion stellt das Dogma auf, jede Form von Leben sei als Datenstruktur darstellbar. Harari schreibt in „Homo Deus":

> *Vielleicht lehnen Sie die Vorstellung ab, dass Organismen Algorithmen sind und Giraffen, Tomaten und Menschen nur unterschiedliche Methoden der Datenverarbeitung. Aber Sie sollten wissen, dass das gängige wissenschaftliche Lehre ist und unsere Welt sich gerade bis zur Unkenntlichkeit verändert.*[31]

In das gleiche Horn stoßen Forschungsrichtungen, die sich als „Transhumanismus", „Posthumanismus" oder gar „Kritischer Posthumanismus" bezeichnen.[32]

Transhumanisten gehen davon aus, dass sich die Menschheit in eine Welt der Daten hineinentwickelt und sich mit ihr zusammen optimiert oder modifiziert. Die Evolution der Arten und (mit ihr) der Menschen geht für die Transhumanisten also datengestützt weiter.

Posthumanisten dagegen sind davon überzeugt, dass die Menschheit ganz verschwindet, sich quasi evolutionär in neuen Intelligenzen auflöst und die Zukunft den Superintelligenzen gehört – einer „artifiziellen Alterität", also den künstlichen Ganz-Anderen. Beinahe prophetisch eröffnete diese Vision einst die international erfolgreiche und vieldiskutierte Film-Trilogie „Matrix". Nicht zufällig entstand sie an der Schwelle zum 21. Jahrhundert:

Die Menschheit hat vor langer Zeit den Krieg gegen die von ihr selbst erschaffenen künstlichen Intelligenzen verloren. Ungezählte menschliche Körper halten nun die Superintelligenz am Laufen, sie dienen als Energieträger für gigantische Computer. Diese wiederum entwickeln die Computersimulation der Matrix, um die bewusstlos träumenden Menschen unter Kontrolle zu halten. Bis es Neo – im Namen steckt schon die messianische Idee des neubeseelten, aufsässigen Individuums – gelingt, seine Artgenossen aus der Simulation zu befreien.

In diesem Film-Epos erzählten die Brüder (heute Schwestern) Wachowski die Vision einer KI-gesteuerten Welt, den völligen Verlust von Freiheit und Selbstbestimmung. Die menschliche Existenz: auf Energiezulieferung reduziert, das menschliche Bewusstsein: den Scheinwelten der Maschine unterworfen. „Die Seele, die Seele ist tot", schrie bei Toller der wahnsinnige Ingenieur. In „Matrix" ist sie tatsächlich gestorben, bis einer kommt und Widerstand leistet.[33]

Die dritte Forschungsrichtung, die kritischen Posthumanisten, gehen noch weiter. Sie stellen das humanistische Weltbild ganz in Frage und feiern die künftige Überwindung des Menschen als Überwindung einer Fehlentwicklung. Ihr Ziel: die Vorstellung einer Welt, die vom Menschen (endlich) befreit ist.

Alles, was Menschsein in unserer Vorstellung ausmacht (das Denken im Gegenüber von Subjekt und Objekt, von Mann und Frau, von

Mensch und Tier, von Natur und Kultur), werden künftige Welten hinter sich lassen, prophezeien die Posthumanisten. Die „besseren Wesen", die künftig die Welt beherrschen, werden nicht mehr „kohlenstoff-basiert" sein.[34]

> *Es ist geil! Ich würde nichts lieber tun, als mein Fleisch zu vergessen und hier zu leben. Ich wäre so glücklich, wenn ich nur reines Bewusstsein wäre.*

So klingen die ersten Worte von Mouse, dem Helden einer amerikanischen Graphic Novel. Er sieht in der virtuellen Welt des Cyberspace endlich die Chance, seinen Körper, diese sterbliche, schlecht riechende, verwesliche, schwerfällige Hülle los zu werden. Der Geist oder das befreite Bewusstsein sucht sich dann Avatare und kann die jeweilige Erscheinung jenseits von Alter und Geschlecht beliebig wechseln. Der Körper gilt als Gefängnis. Künftige Superintelligenzen werden den Planeten erhalten und schützen, anders als der zerstörerische Homo sapiens. Sie werden klarer sein und stärker, anders und besser.

Die Regisseure Hans Block und Moritz Riesewieck haben sich auf den Weg gemacht, um

Persönlichkeiten und Forschungszentren aufzusuchen, in denen an der Überwindung des Körpers und an der digitalen Unsterblichkeit gearbeitet wird. 2020 haben sie ein Buch mit dem Titel „Die digitale Seele“ geschrieben. Überall fanden sie Ansätze, das menschliche Gedächtnis zu simulieren, Personen anhand der Summe ihrer Daten etwa in sozialen Netzwerken weiterzuentwickeln, sodass es heute möglich ist, beispielsweise einen gefallenen amerikanischen Soldaten digital wiederauferstehen zu lassen. Die hinterbliebenen Eltern können sich dann mit dem digitalen Bewusstsein ihres Sohnes unterhalten, dessen elektronische Persönlichkeit sich dank prognostischer Algorithmen sogar weiterentwickeln kann und als scheinbarer, aber überraschend glaubwürdiger Dialogpartner mit allerhand Besonderheiten in der Kommunikation zur Verfügung steht.[35]

Die Überwindung des Todes ist in der digitalen Zukunft also in gewisser Weise möglich. Die beiden Autoren sehen hier ein riesiges Zukunftsfeld, das die Religion ersetzen werde. Der abendländischen Kultur bescheinigen sie eine „transzendentale Obdachlosigkeit“ und formulieren im Interview mit der Zeitschrift „Publik Forum Extra“:

Der Begriff Seele scheint aus der Mode gekommen zu sein. Die Hirnforschung hat den Begriff schon längst mit Bewusstsein ersetzt, weil es sich schlichtweg besser messen lässt. Die wissenschaftliche Psychologie will schon lange keine „Seelenkunde“ mehr sein, aber im Sprachgebrauch ist die Seele noch fest verankert. Ob ein Mensch, der im Koma liegt oder hirntot ist, damit also nachweislich kein Bewusstsein mehr hat, ob solch ein Mensch darum auch seine Seele verloren hat? Dem würden die allermeisten von uns wohl entschieden widersprechen. Was die Seele ist, kann der Verstand nicht erklären, aber Liebende haben wohl nicht ohne Grund das Gefühl, einander ihre Seelen zu offenbaren. Wir sind mehr als die Summe unserer Teile: Diese Überzeugung teilen auch Menschen, die mit Spiritualität nichts am Hut haben. Doch wer beschwört die Seele, wer besingt sie und umsorgt sie, jetzt, da hierzulande immer weniger Menschen einen Fuß in die Gotteshäuser setzen? Wie immer, wenn irgendwo eine Leerstelle ent-

steht, ist der Versuch, diese zu füllen, längst im Gange. Doch nicht etwa spirituelle Gurus, neuartige oder fernöstliche Religionsgemeinschaften oder Esoteriker und Esoterikerinnen haben die größte Aussicht, der Seele neuen Sinn zu verleihen, sondern ausgerechnet jene Menschen, die glauben, alles in Einsen und Nullen übersetzen zu können: die Apologeten der Digitalität. Ihre Behauptung lautet: Aus unseren Daten, die wir in den vergangenen 15 bis 20 Jahren hinterlassen haben, können sie „erkennen", wer wir wirklich sind. Was früher vielleicht nur Gott zukam, sollen nun Technologiefirmen ebenso können! Sie behaupten, dass man das, was uns ausmacht, den „Seelenkern", algorithmisch berechnen kann und dass man ihn auch digital weiterleben lassen kann. Dass wir entsprechend nicht mehr im Himmel, sondern in der Cloud weiterleben. Dieser Mythos wird gerade weltweit immer stärker. Deswegen haben wir dieses Narrativ in unserem Buch „Die digitale Seele" sehr kritisch hinterfragt, weil damit ein Machtanspruch einhergeht, der großen Schaden anrichten kann.[36]

Dataismus – die neue Gnosis

Solche Denk- und Forschungsrichtungen gemahnen an die körperfeindliche christliche Kultur, die – im Dualismus von Leib und Seele – der Seele die Unsterblichkeit zusprachen und den Körper als triebhaften Organismus, als schlechtes Instrument, als durch Askese niederzuringenden Gegner betrachtete. Die Cyberkultur wiederholt auf einer anderen Ebene, was die Gnostiker im 2. und 3. Jahrhundert n. Chr. behaupteten: dass der Mensch seine fleischliche Existenz überwinden müsse, um aufzusteigen in höhere Sphären bis hin zu einem metaphysischen Wesen. Der Körper wird abgewertet und das hiesige Menschsein als ein zu überwindender Zustand gewertet. Die Synoden der Kirchen haben diese leibfeindliche Variante des Christentums immer als Häresie eingeordnet. Und doch ist gnostisches Gedankengut ein Unterstrom der christlichen Kultur geblieben.

Der Politologe und Philosoph Eric Voegelin sah Mitte des vergangenen Jahrhunderts in der Moderne eine Wiederkehr dieser Gnosis. Für ihn gehört die Gnosis zu den politischen Religionen mit autoritärem oder auch totalitärem Charakter. Nach Voegelin gibt es mehrere Merkmale, die die Gnosis als politische Religion auszeichnen:

- Der Gnostiker zeigt eine Unzufriedenheit mit seiner Lage in der Welt.
- Der Gnostiker glaubt, vom Übel der Welt erlöst werden zu können.
- Der Gnostiker glaubt, die Seinsordnung könne in einem historischen Prozess verändert werden.
- Der Gnostiker glaubt, die erlösende Änderung könne durch eigene Tat des Menschen erfolgen.
- Der Gnostiker glaubt sich im Besitz des Wissens um die Methode dieser Änderung, er erstellt von diesem Standpunkt aus Rezepte zur Selbst- und Welterlösung und verkündet prophetisch der Menschheit sein Erlösungswissen.[37] Zum Beispiel die Erlösung vom Leib, vom Schmerz und von der Lust.

Die Religion der Dataisten zeigt mit ihrer Körper- und Menschenfeindlichkeit durchaus Züge und Strukturen einer gnostischen Religion. Im Unterschied zur Gnosis allerdings glauben die

Dataisten nicht mehr an die Entwicklung der Menschheit zum Besseren.

Dass der Glaube an die Daten, die Abwertung des Leiblichen und der totale Zugriff auf die Seele des Menschen zerstörerisch sind, das bekennt auch der israelische Kulturanalyst Yuval Harari. Er beschreibt den „Dataismus" als Religion der Zukunft, die die Welt als einziges Datenverarbeitungssystem wahrnimmt. Die Wirklichkeit ist als Algorithmus verfasst und „Organismen sind [!] Algorithmen".[38] Und auch „Menschen sind [!] Algorithmen ..."[39] und zwar „obsolete" Algorithmen. Auch Harari prognostiziert das Verschwinden des „Homo sapiens". Er wird womöglich im Meer der Daten spurlos untergehen.

Zugleich aber stellt Harari in seinem letzten Buch von 2018, den „21 Lektionen für das 21. Jahrhundert" fest, dass es durchaus zweifelhaft sei, ob sich das Leben wirklich auf bloße Datenströme reduzieren lässt[40]: *„... vielleicht finden wir heraus, dass Organismen gar keine Algorithmen sind"*. Und er fragt weiter, ob man das menschliche Leben überhaupt auf Entscheidungen Ja/Nein reduzieren kann, als gäbe es nichts anderes im Leben. Schließlich bilanziert der einflussreiche Zeitendeuter:

Der Dataismus lässt uns Entscheidungsprozesse immer besser verstehen, aber könnte es sein, dass er damit auch ein immer schieferes Bild vom Leben zeichnet?

Und er fragt weiter:

Gibt es vielleicht etwas im Universum, das sich nicht auf Daten reduzieren lässt?

Nehmen wir einmal an, nicht-bewusste Algorithmen könnten irgendwann einmal die bewusste Intelligenz bei sämtlichen bekannten Datenverarbeitungsaufgaben übertreffen, was ginge - wenn überhaupt - verloren, wenn man bewusste Intelligenz durch überlegene nicht-bewusste Algorithmen ersetzt?[41]

Hier liegt die entscheidende Frage: Was geht verloren, wenn der Mensch als leibbehaftetes, beseeltes Wesen untergeht? Und sind wir nicht schon dabei, uns auf ein „schiefes Bild" von der Welt, dem Menschen und dem Leben einzulassen, indem wir unkritisch den Datenspuren folgen? Und wo liegt der Irrtum, wenn man Leben auf Entscheidungsprozesse reduziert?

Menschliche Geschöpfe, aber auch tierische und pflanzliche sind weit mehr als die Summe unserer Daten. Wir sind auch mehr als die Summe unserer Entscheidungen. Für die jüdisch-christliche Religion ist der, der auf die Summe seiner Entscheidungen reduziert wird, in der Hölle angekommen.

Ist es nicht eine Erfahrung höchsten Glücks, wenn wir keine Entscheidungen treffen, sondern „die Seele baumeln lassen"? Wenn wir unser schlichtes Dasein feiern? Wenn wir träumerisch in uns selbst versunken sind oder in Meditation und Gebet? Musik hören, zwecklosen Tätigkeiten nachgehen, nichts denken und den Ansturm der Entscheidungsforderungen an uns vorüber winken? Wenn wir auf produktive Weise Langweile verspüren, in vollem Umfang nutzfrei, ja nutzlos sind. Und im gleichen Augenblick – so wie Lao-Tse das mit dem Bild vom leeren Krug beschreibt – doch den größten Nutzen darstellen? Genau dort beginnt das Menschsein aus religiöser Perspektive. Und von genau diesem undefinierbaren Raum sprechen wir, wenn wir von der Seele sprechen.

Der Gründer der Sozialanthropologie Edward B. Tylor schreibt schon im vorletzten Jahrhundert in einem Grundsatzwerk über die „Anfänge der Kultur" den prophetischen Satz:

Die Spaltungen, welche die große Religionen der Welt in intolerante und feindliche Secten getrennt haben, sind meistentheils nur oberflächlich im Vergleich mit dem tiefsten aller religiösen Schismen, dem, welches Animismus und Materialismus trennt.[42]

Wobei Taylor den Begriff des Animismus hier in einem weiten Sinn versteht. Bei ihm steht der Glaube an die Beseelung der Geschöpfe und Dinge dem Materialismus als Glaube an die Beherrschung, Funktionalisierung und Objektivierung aller Dinge entgegen. Dass die Spaltung unseres Denkens in eine religiöse und eine empirische Betrachtung zerfällt, ist nicht von der Hand zu weisen, und dass die Kluft tiefer ist, als die zwischen den Religionen, wurde schon vor 150 Jahren deutlich. An der Seele tun sich die Trennlinien auf.

Heute scheint der Mensch vollständig funktional beschreibbar, wenn die Rede von der Seele verstummt ist. Der Computer und seine algorithmisch geleitete Entscheidung gehen von einem Paradigma des Lebens aus, das zielgerichtet und nutzenorientiert Hunderttausende kleiner Entscheidungen in der Minute trifft. So nutzenorientiert sieht auch das evolutionäre Weltbild den Menschen, dessen Handlungen auf nichts anderes zielen als das Überleben der Gattung. Und all die Propheten des posthumanen Zeitalters gehen davon aus, dass eine Zukunft, in der Algorithmen das Leben der Menschen übernehmen und die Menschheit selbst abschaffen, nicht mehr abzuwenden, sondern der vorherbestimmte Weg des Lebens auf der Erde sei. In dieser Haltung steckt nicht nur ein sehr pessimistisches, sondern ein geradezu verächtliches Menschenbild. Und auch eine große Portion Fatalismus, Determinismus – und Ernüchterung.

Im Bewusstsein derer, die die Zukunft der Menschheit den Computerhirnen überlassen wollen, steckt sicher eine große (und berechtigte) Enttäuschung über den Menschen. Die Lebenswissenschaften glauben, den Menschen enträtselt und entzaubert zu haben. Sie decouvrieren ihn als üble Laune der Evolution, eine Art Virus und Plünderer des Planeten. Eine Spezies, die sich rücksichtslos über den Erdball vermehrt und sämtliche Ressourcen kahl frisst, die schließlich droht, den ganzen Planeten und sein fein ausgewogenes Ökosystem zu zerstören. Eine Spezies, die das Potenzial entwickelt hat, das – nach bisherigen Wissen – einmalige Wunder eines belebten, beseelten und leuchtenden Planeten zu vernichten: der Erde das blaue Licht auszublasen.

Diese Tendenz des Menschen, seine Mitwelt nur aus der Perspektive des eigenen Vorteils zu sehen und auszunutzen, verpackte schon der große Aufklärer und Menschenfreund Gotthold Ephraim Lessing in die Fabel vom Rangstreit der Tiere:

Es entstand ein hitziger Rangstreit unter den Tieren. Ihn zu schlichten, sprach das Pferd: „Lasst uns den Menschen zu Rate ziehen, er ist keiner von den streitenden Teilen und kann desto unparteiischer sein." – „Aber hat er auch den Verstand dazu?" ließ sich ein Maulwurf hören. „Er braucht wirklich den allerfeinsten, unsere oft tief versteckten Vollkommenheiten zu erkennen."

„Das war sehr weislich erinnert!" sprach der Hamster. „Jawohl!" rief auch der Igel. „Ich glaube es nimmermehr, dass der Mensch Scharfsichtigkeit genug besitzt."

„Schweigt ihr!" befahl das Pferd. „Wir wissen schon: wer sich auf die Güte seiner Sache

am wenigsten zu verlassen hat, ist immer am fertigsten, die Einsicht seines Richters in Zweifel zu ziehen."

Der Mensch ward Richter. – „Noch ein Wort", rief ihm der majestätische Löwe zu, „bevor du den Ausspruch tust! Nach welcher Regel, Mensch, willst du unseren Wert bestimmen?"

„Nach welcher Regel? Nach dem Grade, ohne Zweifel", antwortete der Mensch, „in welchem ihr mir mehr oder weniger nützlich seid."

„Vortrefflich!" versetzte der beleidigte Löwe. „Wie weit würde ich alsdann unter den Esel zu stehen kommen! Du kannst unser Richter nicht sein, Mensch! Verlass die Versammlung!"

Der Mensch entfernte sich. – „Nun", sprach der höhnische Maulwurf – (und ihm stimmten der Hamster und der Igel wieder bei) – „siehst du, Pferd? Der Löwe meint es auch, dass der Mensch unser Richter nicht sein kann. Der Löwe denkt wie wir." – „Aber aus besseren Gründen als ihr!" sagte der Löwe und warf ihnen einen verächtlichen Blick zu. Der Löwe fuhr weiter fort: „Der Rangstreit, wenn ich es recht überlege, ist ein nichtswürdiger Streit! Haltet mich für den Vornehmsten oder für den Geringsten; es gilt mir gleichviel. Genug, ich kenne mich!" – Und so ging er aus der Versammlung.

Ihm folgte der weise Elefant, der kühne Tiger, der ernsthafte Bär, der kluge Fuchs, das edle Pferd, kurz, alle, die ihren Wert fühlten oder zu fühlen glaubten.[43]

Dass die Lebewesen um uns herum einen eigenen Wert haben, das begreifen die Menschen bis heute nicht wirklich. Dass Welt und Umwelt nach Regeln organisiert sind, die wir nicht achten und uns dadurch selbst die Lebensgrundlage abschneiden, das fällt uns erst jetzt auf – nun, da es beinahe zu spät ist.

Die Unfähigkeit, die Umwelt zu schützen, den heraufziehenden Klimakatastrophen effektvoll entgegenzuwirken, die Unfähigkeit, die schreienden Ungerechtigkeiten zwischen obszönem Reichtum und grauenhafter Verelendung auszugleichen, all das scheint gegen den Menschen als Träger von glaubhaften Zukunftskonzepten zu sprechen. Heraus gefallen aus den natürlichen Ordnungen der Natur, handeln die intelligenten Affen, die wir sind, rücksichtslos zugunsten des eigenen Vorteils und achten weder das Wunder der Erde noch das Leben der Nachkommen. So gesehen ist das Hoffen auf den Computer und die Sehnsucht, das menschliche Hirn neu zu programmieren oder ganz zu ersetzen, durchaus vergleichbar mit der religiösen Hoffnung eines neuen Menschen.

Und in der Tat ist der Mensch das einzige Wesen, in dessen Denken wenigstens die Möglichkeit angelegt ist, aus aufgetragenen, eingeübten oder gewohnten Handlungsmustern auszusteigen und in einen komplett anderen Modus zu wechseln.

Denn der Mensch hat Freiheitsgrade im Denken und Handeln.

Unter dieser Prämisse ist unser kultiviertes Zusammenleben organisiert, von der demokratischen Gesellschaftsordnung angefangen bis hin zum Strafrecht. Menschen sind Wesen, die verantwortlich in Zeit und Raum leben können. Sie könnten die Zukunft ändern und auch sich selbst. Sie können Hingabe leben und sich für andere oder eine bessere Zukunft einschränken oder sogar opfern. Diese Dimension des Menschlichen kommt in den trans- und posthumanistischen Träumen der Forscher und Entwickler der Algorithmen aber nicht vor. Solche Denker konzentrieren sich – vielleicht im Taumel des Gefühls, selbst Schöpfer zu sein und Retter des Planeten – auf all die Mängel, die Menschen gegenüber Algorithmen haben. Aber: So, wie Mensch sich definiert, so entwickelt er sich auch.

Das religiöse Menschenbild zeigt die Welt zunächst in einer Perspektive, die von Nützlichkeitserwägungen frei ist. Die Religion bedenkt das Geschöpf mit einem Loblied auf das pure Dasein. Und nicht nur die Menschen, sondern auch Tiere und alle Materie und die überwältigende Schönheit und Weite des Kosmos. Sie, die Menschen, die Tiere, die Natur sind einfach da. Und auf dieses einfache Dasein antwortet die „Seele" mit Freude und Dank.

So singt der 139. Psalm:

Denn du hast meine Nieren bereitet
und hast mich gebildet im Mutterleibe.
Ich danke dir dafür,
dass ich wunderbar gemacht bin;
wunderbar sind deine Werke;
das erkennt meine Seele.
(Psalm 139,13–14)

In welche Computersprache will man das übersetzen? Die Überwältigung, das Staunen, das Nicht-Müssen, das Sich-Fügen, das Gelassensein, das Meditieren, das Freuen, das Beten. Das Zusammenklingen mit den anderen menschlichen Resonanzkörpern.

Verteidigung des Menschen

In seinem neuesten Buch „21 Lektionen für das 21. Jahrhundert" schreibt der Historiker mit der weltweiten Verbreitung, Yuval Noah Harari, im Kapitel „Menschen haben Körper" diesen Satz:

> *Ein entscheidender Schritt zur Einigung der Menschheit besteht darin, anzuerkennen, dass Menschen Körper haben.*

Wieviel nachhaltiger sind unsere Erfahrungen von Gemeinschaft in der Offline-Welt als jene in der Online-Welt, findet Harari.[44]

Demgegenüber erweist sich das Menschenbild der Dataisten (quasi die dataistische Anthropologie) als eine, die sich in der Beschreibung der Defizite der körperlichen Natur des

Menschen erschöpft. Der Netzexperte und Netzkritiker Jaron Lanier fasst in sechs Punkten das Glaubensbekenntnis der Dataisten zusammen:

- Kybernetische Informationsmuster stellen den besten und ultimativen Weg dar, Wirklichkeit zu beschreiben.
- Menschen sind nichts mehr als kybernetische Muster.
- Subjektive Erfahrungen existieren nicht oder sind nicht wichtig, weil sie eine Art peripherer Effekt sind.
- Was Darwin in der Biologie beschreibt, ist de facto die einzige überlegene Beschreibung aller Kreativität und Kultur.
- Qualitative und quantitative Aspekte von Informationssystemen werden sich unweigerlich [...] beschleunigen.
- Biologie und Physik werden in den Computerwissenschaften verschmelzen. Dadurch entsteht eine neue Biotechnologie und eine neue Nanotechnologie. Ein Mensch zu sein nach dieser Verschmelzung wird entweder unmöglich sein oder eben sehr anders als wir uns das heute vorstellen können.[45]

Im dataistischen Denkhorizont hat das einzelne Menschenleben keinen eigenen Wert mehr. Das Konzept einer Seele, die dem Menschen Individualität und Würde verleiht, ist hier nicht vorgesehen. Es vollzieht sich eine Evolution mit technischen Mitteln, wobei die Selektion und Differenzierung der vielgestaltigen Lebewesen, die in der natürlichen Evolution durch das *trial and error*-Verfahren geschehen, nun von menschlich geschaffenen Algorithmen vorgenommen werden, die das Leben normieren, also Lebensformen vereinheitlichen und hierarchisieren und somit perspektivisch wertes von unwertem Leben trennen.

Harari, der in seinen 21 Lektionen ausdrücklich vor dem Dataismus warnt, nähert sich dem Begriff der „Seele", als er im letzten Kapitel zu beschreiben versucht, was in der Meditation vor sich geht. Er plädiert für Exerzitien der Weltwahrnehmung durch Meditation.

> *„Was also hält dein ganzes Leben zusammen?"*
>
> *Wenn Sie die Antwort auf diese Frage nicht kennen, verstehen Sie das Leben nicht, und sie haben keinerlei Chance, den Tod zu begreifen.*

Und er fährt fort:

> *Die Menschen sagen: „Die Seele hat von der Geburt bis zum Tod Bestand und hält deshalb das Leben zusammen" - aber das ist nur eine Geschichte. Haben Sie je eine Seele wahrgenommen?*

Harari widerspricht also der Vorstellung einer Seele als gespürte Innenansicht und empfiehlt als Antwort auf die großen Fragen des Lebens, den „Augenblick" zu verstehen, oder besser: „Zu verstehen, wann ein Augenblick endet und ein anderer beginnt".

Harari beendet sein Buch mit der Empfehlung der Wahrnehmung der Innenperspektive von Geist und Körper sowie der Heiligung des Augenblicks, in dem man dank Meditation eins wird mit der Welt. Er ist überzeugt, dies sei der Weg zur Rettung der Menschheit.

Aber warum negiert er dabei die „Seele"?

Vielleicht meinen die Menschen, wenn sie von der Seele sprechen, gerade diese Lücke zwischen den Augenblicken, diese Metapher für das gespannte Wahrnehmen des Wimpernschlags. Und warum ist die Seele, die von Geburt bis zum Tod Bestand hat, „nur“ eine Geschichte? Erzählen wir uns, was wirklich weise, wahr und wichtig ist, nicht in Bildern und Geschichten? Auch Harari selbst tut das. Und welche Art von Geschichte ist dann die von der Seele? Die Geschichte meiner Seele, die Geschichte Ihrer Seele?[46]

Vor allem die Diskurse rund um eine neue Betrachtung des Animismus scheinen hier erhellend. Sie leiten eine neue Perspektive auf die sozialen Beziehungen der Menschen untereinander von der Vorrangstellung der Seele ab. Das Festhalten daran setzt voraus,

> *die Seele nicht als Substanz oder Besitz zu denken, sondern im Sinne einer relationalen Funktion. Animismus stünde dann für eine Irreduzibilität der „Seele“… in einem dynamischen Feld der Medialitäten. […] Es ist nicht das Gespenst einer überwundenen primitiv archaischen Vergangenheit…*
>
> *Vielmehr ist es das Symptom immanenter Subjektivität, die gegen ihre Objektivierung, oder das einer Medialität, die gegen ihre Reduktion rebelliert.*[47]

Wenn Harari seinen Lesern die Meditation als Selbstwahrnehmung und Empfindung von Präsenz ans Herz legt, dann benutzt er eine völlig andere Sprache als die der Dataisten im amerikanischen Silicon Valley und im chinesischen Shenzhen. Er verwendet die Sprache derer, die gegen die Reduktion des Menschen auf Algorithmen aufbegehren.

Denn gerade der Kern des Menschlichen und Ausdruck der Seele, die Sprache, wird von den Dataisten abgewertet und als schlechtes Instrument der Weltdeutung abqualifiziert. Und so begegnen wir in den anschwellenden Diskursen unserem Menschsein nicht mehr mit Stolz über die Schönheit der Sprache und über den Reichtum des menschlichen Gemüts.

Vielleicht sollten wir wieder lernen, gut vom Menschen zu sprechen. Das Lebendige zu feiern und unsere Fähigkeit, uns im anderen neu zu verstehen. Lernen, den Humor als das allermenschlichste Vermögen zu erkennen. Unsere Fähigkeit zum Träumen wertzuschätzen, unsere Fähigkeit zum Trösten.

Und welches Wort wäre für all diese Fähigkeiten geeigneter als die deutungsoffene Metapher von der „Seele".

Lob des Körpers

Welchen Beitrag wohl Dataisten und all die Trans- und Posthumanisten in Zeiten von Pandemien leisten können? Vielleicht loben sie die Zukunft, in der wir unserer Körper ledig sind. Denn dann sind wir Menschen total immun, nicht mehr ansteckbar. Nichts wird übertragen, es wird nicht nach Luft geschnappt und auch nicht gestorben. Lediglich das Programm, dem wir folgen, könnte einen Virus kriegen, was sich auf die Logik des algorithmischen Systems auswirken könnte wie die Meningitis auf das menschliche Denken.

Vielleicht aber kann man in Zeiten einer Pandemie auch der Tatsache gewahr werden, dass dem körperlichen Leben in Raum und Zeit, im Verwobensein mit seiner Mitwelt, im Aufgespanntsein zwischen Tier und Gott eine spielentscheidende Rolle zukommt. So nimmt es nicht wunder, dass in den letzten Jahren in Kunst und Literatur dem Körper des Menschen, seinem Belebtsein und seinen Empfindungen ein hohes Lied gesungen wird. Zum Beispiel im Film „On Body and Soul": Die ungarische Filmemacherin Ildikó Enyedi erzählt in scharfen und dokumentarisch anmutenden Bildern von der Magie der Liebe in einem Schlachthof. Es ist ein Film über uns als Lebewesen, unsere Verkümmerungen und Verletzungen, über unsere Verwobenheit mit den Geschöpfen, mit denen wir die Welt teilen und über unsere Seele, die alles miteinander verbindet. „On Body and Soul" oder „Körper und Seele" gewann 2018 den Goldenen Bären in Berlin und war als bester ausländischer Film für den Oscar nominiert.[48]

Der Film erzählt vom Wachsen einer Liebe zwischen dem Finanzdirektor eines Budapester Schlachthofs namens Endre und der jungen Controllerin Maria. Endre ist ein ältlicher Herr, desillusioniert, ein Arm gelähmt, die Hand verkrüppelt. Er wirkt, als säße er sein Leben nur noch ab wie eine Strafe. Die Versehrtheit der jungen ätherischen Maria ist weniger rasch erkennbar. Sie ist psychisch behindert, kann keine Berührung zulassen. Sie leidet am Asperger-Syndrom, einer Form des Autismus. Nähe ängstigt sie. Jede Abweichung von ritualisierten Tagesabläufen versetzt sie in Schrecken.

Der Film erzählt, wie beide Personen nach der ersten Begegnung immer wieder dieselbe Szene träumen: Eine Rehgeiß und ein Rehbock stehen an einem Bach auf einer stillen Lichtung und betrachten einander aus sicherer Entfernung. Auge in Auge. Durch einen kuriosen Zufall – eine Psychologin begutachtet das Schlachthofpersonal – kommen diese Träume ans Licht und beide werden gewahr, dass sie einander im Traum in Gestalt von Tieren begegnen.

Mit den zarten Traumszenen der zwei Rehe am Bach, die sich still, gespannt und gelassen zugleich ansehen, kontrastieren die sterbenden Augen der Rinder, die in der Wirklichkeit einer permanent laufenden mechanisierten Tötungsmaschinerie zum Opfer fallen. Es ist dasselbe Licht in den Augen, das alle Geschöpfe verbindet: Mann und Frau. Mensch und Tier.

Die Seelenverwandtschaft zwischen den beiden ungleichen Protagonisten ist so mächtig, dass sie schließlich alle Begrenzung und Beschränkung niederringt. Sie kommen zusammen und überwinden Angst und Enttäuschung, Unberührbarkeit und Versehrtheit.

Wenn es zutrifft, dass Kunst visionär ist, dann hat Ildikó Enyedi ein ziemlich gestriges Thema intoniert. Die Seele als Ort der Verbundenheit von uns Menschen mit den Tieren, diesen anderen Geschöpfen, die das Leben auf dem Planeten mit uns teilen und zugleich die Seele als Ort der Träume, die uns miteinander in Kontakt treten lässt, Resonanzräume bildet, die uns befähigt hinauszuwachsen über unsere selbstgemachte und erlittene Gefangenschaft.

Das Thema „On Body and Soul" trifft den wunden Punkt einer Welt, die der Logik des Nutzens folgt und das Lebendigsein entzaubert. Kein Ort eignet sich als Symbol der Vernutzung alles Lebendigen besser als ein moderner Schlachthof. Der Film öffnet den Horizont für Fragen, die Philosophie, Theologie und Psychologie seit über zweitausend Jahren beschäftigen.

Doch nicht nur oscarreife Produktionen nehmen sich das Thema der Seele vor, auch ein Blockbuster für die Massenproduktion intoniert das Thema Seele. Zu Beginn des Jahres 2021 wurde die Hollywoodproduktion „Soul" über den Streamingdienst von Disney+ auf den Markt gebracht. Dieser neue Animationsfilm spielt kurzweilig und witzig mit allen möglichen Varianten von Seelentheorien in einem Gemisch aus mathematischen und physikalischen Annahmen, er spielt mit der Idee der Paralleluniversen und schwarzen Löcher, mit der Relativitätstheorie und den religiösen Ideen von Himmel und Hölle, er spielt mit der Vorstellung einer pränatalen und unsterblichen Seele, mit der Möglichkeit, Lebendigkeit weiterzugeben, sich zu verschenken oder auch in einen anderen, fremden, falschen Körper zu geraten. Der Film stellt die Seele als individuelle Berufung und Suche nach dem Lebenssinn vor. Ein schwarzer Jazzmusiker ist die Hauptfigur, die sich selbst verliert und wiederfindet und dabei einer eigensinnig wandernden Seele zu einem Körper verhilft, der Pizza schmecken kann und Schmerz empfinden.[49]

Eine Rezension in der Wochenzeitung DIE ZEIT formuliert die religiöse Relevanz des Films:

> *Es geht um Tod und Seelen, und dank eines besonders genialen Multicodings (man könnte auch sagen: eine zuckrige Vagheit) kann sich hier annähernd jede Glaubensrichtung mit ihren Vorstellungen von Jen- und Diesseits verstanden und gemeint statt brüskiert und banalisiert fühlen. Man ahnt bereits, dass „Soul" in den kommenden zehn Jahren abertausende Religions- und Lebenskundestunden vor den Ferien versüßen wird.*[50]

Fragen, die die empirische Wissenschaft als gelöst oder überholt ansieht: Wie sind Körper und Seele aufeinander bezogen? Existiert in der beseelten Natur eine Kraft, die alle Lebewesen miteinander verbindet? Gibt es Seelenverwandtschaft, diese Resonanz zwischen bestimmten Menschen? Und was bedeutet sie? Und: Gibt es in uns allen ein „Gottesteilchen", das unzerstörbar ist, uns übersteigt und das einzige ist, was von uns bleibt?

All das wird in „Soul" thematisiert und dabei entfaltet sich eine großartige Feier irdischen Lebens: die Entfaltung der Seele in, mit und durch den Körper.

Auch der Welterfolg des jungen Zauberers Harry Potter dürfte dem Menschenbild seiner Schöpferin Joanne K. Rowling zu verdanken sein. Hier wird mit der Vorstellung einer beseelten Natur gespielt, in der Menschen ihre Gestalt wandeln, Tiere sprechen und Gegenstände einen Willen haben, in der porträtierte Personen lebendig werden und Geister in Toiletten weinen.

Die Seele des kleinen und später des heranwachsenden Harry ist im Zauberspiegel erkennbar und wird von der Liebe seiner Mutter geschützt.

Sein Gegenspieler, der dunkle Zauberer Lord Voldemort, hat dagegen seine Seele durch das Töten von Menschen zerfetzt. Ihre Stücke versteckt er in Gegenständen, um unsterblich zu sein. In einer entrückten Szene begegnet Harry zuletzt dem wahren Kern des Voldemort:

> *Harry schreckte zurück. Sein Blick war auf das Etwas gefallen, das die Geräusche verursachte. Es hatte die Gestalt eines kleinen nackten Kindes, das sich am Boden krümmte, sah wund und rau aus, wie gehäutet und lag schaudernd unter einem Stuhl, wo es zurückgelassen worden war, unerwünscht weggesteckt, vor Blicken verborgen und nach Atem ringend.*[51]

Harry heilt seine verwundete Seele. Er überwindet das Trauma seiner Kindheit, die Ermordung seiner Eltern. Bei Rowling ist nach alter christlicher Tradition die Seele mit Haltung und Tugenden verbunden. Und es entsteht in den sieben Potter-Bänden, die millionenfach Jugendliche auf der ganzen Welt beeindruckten, ein Bildungsroman nach alten religiösen Denkfiguren. Die Seelen der Internatsschüler von Hogwarts entfalten sich in einer Art Bildungsprogramm. Jede einzelne erblüht durch die Erfahrung von Widerstand und Freundschaft, Vertrauen und Kritik, Erinnerung und Hoffen. Und wie in uralten mittelalterlichen Darstellungen endet auch Voldemorts Seele nach dem Tod in der Gestalt eines Fötus.

Dass die Seele unwiderruflich Teil des Körpers ist, auch das kann man sprachlich nachvollziehen. So entsteht „Gänsehaut" auf der Haut und nicht im Gehirn. Es „läuft uns kalt den Rücken hinunter", wenn wir etwas Entsetzliches erleben, und uns „stehen die Haare zu Berge". Schockzustände und Traumata – all das sind ganzheitliche (geistige, emotionale und körperliche) Erfahrungen. Viele Menschen übergeben sich, wenn sie eine erschütternde Nachricht erhalten, und bei anderen versagt der Schließmuskel, so überwältigend ist der Blitzschlag der Liebe. So beschreibt die niederländische Schriftstellerin Connie Palmen im Buch *I. M.* ihre erste Begegnung mit ihrer Lebensliebe, dem Journalisten Ischa Meijer:

Er schließt in der Restraat gerade die Haustüre ab, als ich, von der Prinsengracht kommend, um die Ecke biege. Wir bleiben beide wie angewurzelt stehen und sehen einander an, ohne etwas zu sagen. Er wollte zu mir und ich zu ihm, das wissen wir. Ohne jede Vorwarnung dehnt sich mein Schließmuskel, und ich mache mir in die Hose. Mir gegenüber spreizt er die Beine, fasst sich an den Hintern und ruft verdutzt aus, er habe sich in die Hose gekackt. Diesmal ginge ich mit ihm hinauf, sage ich.[52]

Wir antworten auf Menschen oder Situationen ganz intuitiv. Wir erröten über und über vor Scham, werden kreidebleich vor Schreck. Der Körper schützt die Seele und reagiert intuitiv aus Gesehenes, Erlebtes, Erlittenes. Seele ist, was uns ausmacht über den Körper hinaus. Wir sprechen von innerem Licht, Aura, Charisma, Ausstrahlung – all dem, was später fehlt, wenn wir fremd und kalt daliegen.

Vielleicht besinnen die westlichen Menschen sich neuerdings auf den Begriff der Seele, weil sie mit der Technisierung des Lebens innerlich nicht Schritt halten. Es ist, als besönnen sie sich darauf, weil sie spüren, dass in der Welt von morgen etwas fehlt.

Ein Wort macht eine lange Reise

Die Seele ist ein uraltes Wort aus der Religion. Nicht nur in der jüdischen, die der christlichen vorausging. In der Bibel wird der Menschen nie ohne Seele gedacht. Der Mensch hat keine Seele, er ist Seele.

Die Seele ist im biblischen Verständnis eng mit dem Atem verbunden. Adam wird in der alttestamentlichen Schöpfungsgeschichte von Gott mit seinem Atem (hebräisch: *Ruach*) angehaucht und er beginnt sein Leben, indem er tief Luft holt. Im Atem, so stellt es sich der Mensch der Antike vor, wohnt die Seele. Der Atem streicht beim Luftholen durch die Kehle und ermöglicht das Leben, das Sprechen und das Singen. Im Alten Testament wird das Wort für Seele und das für Kehle synonym verwendet: Die *Näphäsch* wird nicht nur mit dem Atmen, sondern auch mit dem Essen zusammengedacht. Atmen und Essen – alles, was das Geschöpf zum Leben braucht. Das hebräische *Näphäsch* übersetzt Martin Luther mit dem deutschen Wort Seele, an anderen Stellen schlicht mit dem Wort Leben.

Das berühmte Lied der Maria im Lukasevangelium, das Magnifikat, übersetzt er wie folgt:

Meine Seele erhebt den Herrn, und mein Geist freuet sich Gottes, meines Heilandes; denn er hat die Niedrigkeit seiner Magd angesehen. Siehe, von nun an werden mich selig preisen alle Kindeskinder. Denn er hat große Dinge an mir getan, der da mächtig ist und dessen Name heilig ist. (Lukas 1,46–49)

In seiner Kommentierung der Übersetzung schreibt Luther:

Die Seele, die den Leib lebendig macht und durch ihn wirkt, wird oft in der Schrift für „Leben" genommen.

Und er grübelt über das richtige Wort:

„Mein Seel" – man muss es der hebräischen Sprache lassen. Man kann nicht alles deutsch wiedergeben. Leib und Leben regen sich. Es geht mir durch Leib und Leben, dass die fünf Sinne fröhlich werden und das ganze Herz.[53]

Das deutsche Substantiv „Seele", vermuten Sprachwissenschaftler, beruht auf der uralten Vorstellung, dass die Menschen aus dem Wasser der Seen aufsteigen und dorthin auch wieder zurückgehen. Ein ganz anderer assoziativer Zusammenhang – und doch ist auch im deutschen Wort der ganze Mensch gemeint.

Das hebräische *Näphäsch* steht für das Lebendigsein. Der Atem als belebendes Moment und die Nahrung als Überlebensmoment verbindet den Menschen mit seiner Mitwelt, den Tieren und Pflanzen, dem Planeten, dem Kosmos. Martin Luther erkannte bei der Übersetzung der Bibel, dass die „Seele" zwar unverzichtbar ist, doch nur schwer eindeutig zu übersetzen. Er erläutert in seiner Genesisvorlesung, wie er das Menschenbild der biblischen Texte versteht. Der Mensch bestehe – biblisch betrachtet – aus Geist, Seele und Leib.

> *Das erste Stück, der Geist, ist der höchste, tiefste, edelste Teil des Menschen, mit dem er fähig ist, unbegreifliche, unsichtbare, ewige Dinge zu fassen, und ist, kurz gesagt, das Haus, da der Glaube und Gottes Wort drinnen wohnt. Davon sagt David Ps. 51,12: „Herr, gib mir einen neuen, gewissen Geist", d.h. einen aufrechten, starken Glauben. […]*
>
> *Das zweite, die Seele, ist ebenderselbe*

Geist der Natur nach, aber doch in einer anderen Aufgabe, nämlich in der, da er den Leib lebendig macht und durch ihn wirket, und wird in der Schrift oft für „das Leben" genommen. Denn der Geist kann wohl ohne den Leib leben, aber der Leib lebt nicht ohne den Geist. [...] Diesen zwei Stücken eignet die Schrift viel Dinge zu, wie Weisheit und Erkenntnis, die Weisheit dem Geist, die Erkenntnis der Seele, danach auch Hass, Liebe, Lust, Greuel und desgleichen.

Das dritte ist der Leib mit seinen Gliedern, dessen Werke sind nur Betätigung und Gebrauch dessen, was die Seele erkennt und der Geist glaubt."[54]

Die Teilung des Menschen in Dimensionen war schon in der Antike eine gängige Denkfigur, wobei der Übersetzer Luther bei der Seele die Erkenntnis ansiedelt, und zwar die durch den unmittelbaren körperlichen Kontakt mit den Menschen und den Emotionen zwischen Menschen gewonnene. Die Seele ist also das Organ der Erkenntnis, wobei das hebräische Wort „erkennen" nicht nur eine geistige und intellektuelle, sondern auch eine durchaus leibliche Dimension hat. „Erkennen“ ist der Begriff, der im Hebräischen den Zeugungsakt beschreibt: Adam „erkannte“ Eva – und sie gebar einen Sohn. Insofern ist es nur konsequent, wenn Martin Luther der Seele auch Hass, Liebe, Lust und Gräuel zurechnet. Darin steckt die Überzeugung, dass tiefe Erkenntnis, echtes Begreifen eine leibliche Dimension hat.

Auch die jüdischen Übersetzer alttestamentlicher Texte wie Martin Buber und Franz Rosenzweig übersetzen *Näphäsch* in den meisten Fällen mit Seele. Für Buber, der als Entdecker der chassidischen Spiritualität gilt, steckt in diesem alten Wort ein ganzes Konzept. In seinem Buch „Der Weg des Menschen“ heißt es über Baal Schem Tow, den Rabbi und Gründer des chassidischen Judentums:

> *Der Baalshem lehrt, dass keine Begegnung mit einem Wesen oder einem Ding im Gang unsres Lebens einer geheimen Bedeutung enträt. Die Menschen, mit denen wir leben oder je und je zusammen treffen, die Tiere, die uns in unserer Wirtschaft helfen, der Boden, den wir bebauen, die Naturstoffe, die wir verarbeiten, die Geräte, deren wir uns bedienen, alles birgt*

eine heimliche Seelensubstanz, die auf uns angewiesen ist, um zu ihrer reinen Gestalt, zu ihrer Vollendung zu gelangen. Vernachlässigen wir diese uns auf unseren Wegen geschickte Seelensubstanz, sind wir nur auf die jeweiligen Zwecke bedacht, ohne eine echte Beziehung zu den Wesen und Dingen zu entfalten, an deren Leben wir teilnehmen sollen wie sie an dem unsern, dann versäumen wir selber das wahre, erfüllte Dasein.[55]

Dieses jüdische Denken lässt sich wiederfinden, spürt man dem Begriff der Seele im Alten Testament nach. Die Seele stellt man sich dort durchaus räumlich vor[56], wenn Jahwes Seele sich etwa vor Ungeduld über die Leiden seines Volkes verkürzt, sozusagen zusammenzieht. Die Seele kann auch immer kleiner werden – ein Verkümmerungsprozess bis zum Tode, eine innere Versteinerung, die man sich wie eine Lungenfibrose vorstellen kann.

Eine große Seele steht für ein großzügiges, geachtetes, wertvolles Leben, das sich auch angesichts von Gefährdung und Bedrohung nicht klein macht, ein Begriff für Würde also. Zugleich kann aber eine große *Näphäsch* auch auf die

Triebe des Menschen hinweisen, sein Wollen, im negativen Sinn auf Unersättlichkeit und Gier. Wir finden im Begriff der Seele also eine Ambivalenz, die sich in der Bewegung vollzieht, hin zum Lebensfreundlichen, hin zum Lebensfeindlichen. In Bewegung ist die *Näphäsch* auch, wenn sie als eine Art Container angesehen wird, worin der Mensch seine Pläne und Gedanken aufbewahrt, um sie dann vor Gott auszugießen. Wenn ein Mensch etwa betet und innerlich vor Gott tritt, gießt er – so stellt sich das der alttestamentliche Autor vor – seine Seele wie eine Art Dusche über sich selbst aus. Der Mensch, der sich erinnert oder etwas reflektiert, sich also selbst gegenüber tritt, auch dessen Seele ergießt sich.

Aber nicht nur als räumliche Bewegung wird die *Näphäsch* gedacht, sie drückt auch die Qualität von Gefühlen aus: bitter und traurig, zornig und wütend.

Das Wort *Näphäsch* steht ebenso für Gemütsbewegungen wie den unstillbaren Lebenstrieb. In der Seele kann die Leidenschaft wohnen und die Gier, die Sehnsucht und der Mut, Mitleid und Hass. Alles was den Menschen in Bewegung versetzt.

Und die Seele ist der Ort, an dem Gott mit den Betenden in Kontakt tritt. Die Seele tritt vor Gott als eine dankbare oder gebeugte, eine verworfene oder klagende. Der Beter des Psalms bittet Gott, seiner Seele nah zu sein, und er fordert die eigene Seele auf, zu singen und zu danken.

Hier beschreibt der Begriff „Seele" die Dynamik zwischen Gott und Individuum. Die Seele ist das Zentralorgan einer Gottesbeziehung, die durch die körperliche und räumliche Verortung der Seele eine tiefe Sinnlichkeit erhält. Das Gebet ist nach biblischer Vorstellung deshalb ein zutiefst sinnlicher Akt. Seele wird dort das verkörperte Ich genannt. So heißt es im Psalm 103:

> *Lobe den HERRN, meine Seele, und was in mir ist, seinen heiligen Namen! Lobe den HERRN, meine Seele, und vergiss nicht, was er dir Gutes getan hat: der dir alle deine Sünde vergibt und heilet alle deine Gebrechen, der dein Leben vom Verderben erlöst, der dich krönet mit Gnade und Barmherzigkeit, der deinen Mund fröhlich macht und du wieder jung wirst wie ein Adler.* (Psalm 103,1–5)

Es geht dem Begriff der Seele im alttestamentlichen Kontext ganz ähnlich wie in der heutigen deutschen Verwendung. Der Begriff beschreibt eine Selbstbeziehung und eine Innenperspektive, mit der Menschen sich zu sich selbst, zu den anderen und zu Gott verorten. Eine Innenschau, die jeder sofort versteht, die intuitiv einleuchtet und dennoch kaum in Worte zu fassen ist. Vielleicht ist die Seele tatsächlich eine Geschichte, wie Yuval Harari sagt. Jene Geschichte, die ein Mensch sich selbst über sich selbst erzählt. Vielleicht auch die Geschichte, die Gott über den Menschen erzählt.

Und der Begriff beschreibt zudem ganz fundamental, was eine lebendige „kohlenstoffbasierte" Existenz von einer leblosen Sache unterscheidet.

Näphäsch macht den Unterschied!

Näphäsch, dieses komplexe hebräische Wort hat eine lange Reise unternommen durch die jüdisch-griechische und christliche Kulturgeschichte. Beim Wechsel der heiligen Schriften in den griechischen Sprachraum – zum Beispiel bei der ersten griechischen Version der hebräischen Bibel, der Septuaginta – wurde aus *Näphäsch* die *Psyche*.

Dank dem jugendlichen Eroberer aus Mazedonien, Alexander dem Großen, wurde das Griechische im 4. Jahrhundert vor Christus zur Weltsprache. Alexander war durch Palästina gezogen und hatte eine Kulturpolitik der griechisch-hebräischen Symbiose verfolgt. Alle Menschen im Großreich des Alexander sollten nun Griechisch sprechen und die hellenistische Kultur sollte sich mit den vorfindlichen Kulturen vermischen. Diese Epoche nennen wir heute Hellenismus.

Die hebräisch und aramäisch sprechenden Juden in der Diaspora, also die auf der damaligen Welt verstreuten, sorgten dafür, dass ihre heiligen Schriften ins Griechische übersetzt wurden. Und so entstand die griechische Variante des Alten Testaments, die sogenannte „Septuaginta", eine griechische Übersetzung, um die sich eine Reihe von Legenden ranken.

So sollen 72 jüdische Gelehrte in Alexandria die fünf Bücher Mose in 72 Tagen aus dem Hebräischen ins Griechische übertragen haben. Dabei soll jeder Übersetzer für sich allein gearbeitet haben. Am Ende aber seien alle 72 Übersetzungen absolut identisch gewesen. Man war der Überzeugung, der Heilige Geist habe allen dieselben Worte eingegeben. Die Zahl 72 wurde auf 70 abgerundet und erinnert nun an die Auserwählten, die mit Gottes Geist begabt wurden, um Mose bei der Rechtsprechung zu helfen (Num 11,24 ff.).

In Wirklichkeit wurden die biblischen Bücher, die in der hebräisch-aramäischen Sprache abgefasst waren, in den 300 Jahren vor der christlichen Zeitenwende Stück für Stück übersetzt. Mit den griechischen Worten hielten auch griechische Vorstellungen Einzug in den geistigen Horizont der Leser.

Juden, die im ersten Jahrhundert nach Christus beispielsweise in Alexandria lebten, sprachen nur noch rudimentär Hebräisch, das Griechische war nun ihre Muttersprache. Und so trugen sie die Deutung der griechischen Philosophie ins Verständnis der alten Texte hinein. Dies wird besonders deutlich an der weiteren Karriere des Wortes *Seele* vom hebräischen *Näphäsch* zur griechischen *Psyche*.

Im griechischen Kulturraum geriet dieses Wort – schon im Hebräischen ein schwer definierbarer Sammelbegriff für Lebendigkeit, Reflexion und Gottesbeziehung – nun in die philosophische Spannung zwischen den Seelenvorstellungen des nachhaltig prägenden Philosophen Platon und denen seines Schülers Aristoteles. Auch Platon verfolgte kein einheitliches Konzept der *Psyche*. Auch bei Platon ist sie ein Hybridbegriff für das Wesentliche und ein Zentralbegriff des Menschenbildes. Bei ihm finden sich die Beschreibung der Seele als Hauch, aber auch die Vorstellung, die Seele sei ein Abbild der Verstorbenen. Selbst Reinkarnations- und Reinigungsvorstellungen tauchen im Begriff Seele auf.[57]

Die wichtigste Aufgabe der Seele ist auch bei Platon das Ermöglichen von Leben, aber ihm geht es nicht nur um das naturhafte leibliche (Er-)Leben – der Begriff *Psyche* erhält nun eine zusätzliche moralische Komponente. Die Seele wird zum Ort der moralischen Entscheidungen und der Verantwortung. In ihr spiegelt sich die Alternative vom *guten* oder *schlechten* Leben.

Die Seele, die sich im alten Orient duckt, ausdehnt oder ausschüttet und damit lediglich die Dynamik des Lebens widerzuspiegeln versucht, wird in der griechischen Lebensdeutung nun zum Ort der Tugend. Platon ist auch der erste Denker, der sich „Sorge um die Seele" macht. In diesem Begriff steckt schon die Idee von der Bildung der Seele, vom Ringen um das Gutsein. Auch bei Platon finden wir schließlich die Vorstellung einer Seele, die im Unterschied zum Körper unsterblich ist, die sich auf eine Wanderung begeben kann durch die Unterwelten und Geburten. Ziel der Seele ist bei Platon ihr Wiederaufstieg ins Reich der Ideen.[58]

Kein Autor war für die weitere Karriere des Seelenbegriffs so entscheidend wie Platon. Die Moralisierung des Begriffs (gute oder böse Seele) und die Vorstellung der Trennung von Körper und Seele hat im hellenistischen Christentum und viele Hunderte Jahre später das Bild vom Menschen geprägt. Der Körper wurde zum „Grab" der Seele oder zu ihrem „Gefängnis". Aus diesem Traditionsfluss stammt auch die fatale Herabstufung des Leiblichen, die das Christentum später über Jahrhunderte kultiviert hat. In der hebräischen Bibel herrschte die Vorstellung vor, dass Gott mit dem Tod seinen Lebenshauch wieder zurücknimmt. Wie das der berühmte Psalm des Schöpfungslobes formuliert:

> *Dann geht der Mensch hinaus an seine Arbeit und an sein Werk bis an den Abend.*
>
> *HERR, wie sind deine Werke so groß und viel! Du hast sie alle weise geordnet, und die Erde ist voll deiner Güter.*

Da ist das Meer, das so groß und weit ist, da wimmelt's ohne Zahl, große und kleine Tiere.

Dort ziehen Schiffe dahin; da ist der Leviatan, den du gemacht hast, damit zu spielen.

Es wartet alles auf dich, dass du ihnen Speise gebest zu seiner Zeit.

Wenn du ihnen gibst, so sammeln sie; wenn du deine Hand auftust, so werden sie mit Gutem gesättigt.

Verbirgst du dein Angesicht, so erschrecken sie; nimmst du weg ihren Odem, so vergehen sie und werden wieder Staub.

Du sendest aus deinen Odem, so werden sie geschaffen, und du machst neu das Antlitz der Erde. (Psalm 104,23–30)

Sich auf den griechischen Philosophen Platon beziehende Interpreten des Christentums folgten allerdings über Jahrhunderte dem Gedanken, der Leib müsse von der Seele regiert werden. Die tugendhafte Seele ihrerseits bestünde aus drei Teilen: dem umtreibend Begehrlichen, dem die Tugend der Besonnenheit zugeordnet ist; dem Mutigen, zu dem die Tapferkeit gehört; dem denkend Vernünftigen, dem die Weisheit entspricht.[59]

Platon vergleicht diese Teile mit einem Pferdegespann; dabei repräsentiert der Wagenlenker die Vernunft, während die beiden Rösser für die irrationalen Seelenteile – Begierde und Gemüt – stehen. Auch innerhalb der platonischen *Psyche* steckt also eine Hierarchie. Der vernünftige Teil der Seele ist nach Platon der höchste – und der unsterbliche.

Man nimmt an, dass Platon in seiner Seelenlehre, die er im Wesentlichen in seinem Werk „Phaidon" entfaltet, die Seelenvorstellungen seiner Umwelt des 4. vorchristlichen Jahrhunderts philosophisch zusammenfasst. Insofern erhält die abendländische Idee hier zwar eine deutliche Akzentverschiebung (Seele nun als Sitz der Tugend und als unsterbliche Entität), aber ein einheitliches Konzept ist auch bei Platon nicht zu erkennen. Er verwendet den Begriff ausschließlich für den Menschen, während die alttestamentliche Vorstellung von Seele das göttliche Lebensprinzip meint, also auch die belebte Natur und die Tiere umfasst.

Anschlussfähiger ans biblische Denken ist der philosophische Entwurf des Platon-Schülers Aristoteles, der in dem Buch „De Anima" behauptet, die Seele sei gleichsam das „Prinzip der Lebewesen"[60], kein Einzelding, sondern eine „Wesenheit", eine „Form". „Seele ist ein Wesen, aber im Sinne eines formalen Prinzips, das die Wirklichkeit eines natürlichen Körpers darstellt, dem die Möglichkeit nach Leben zukommt."[61]

Weder ist die Seele eine Art Substanz, noch ein Einzelding, eine Entität, die sich beispielsweise in verschiedenen Körpern manifestiert. Weder ist sie ohne Körper, noch ist sie selbst Körper. Deshalb kann sich die Seele auch nicht alleine freuen, sondern der ganze Mensch freut sich oder trauert tief in seiner Seele. Mit seiner Seele lebt der Mensch, denkt er, nimmt er die Welt wahr, aber der Mensch ist nicht mit ihr identisch. Die Seele ist immer noch etwas anderes und mehr als der körperliche Mensch. Doch abgetrennt vom Körper ist die Seele ohne Vorstellungen, Erinnerungen oder Vernunft.

Dieses Prinzip Leben gilt nicht nur für den vernünftigen Menschen, sondern stellt das Prinzip aller Lebewesen dar, die Aristoteles dann nach vegetativem, sensiblem und rationalem Vermögen ausdifferenziert.

Oder wie das der Theologe Volker Jung zusammenfasst:

„Gilt vielleicht gerade hier der alte, vom griechischen Philosophen Aristoteles formulierte Satz, dass das Ganze mehr ist als die Summe seiner Teile? Also: Selbst wenn es gelingt, alle Teile des Menschen einschließlich der Empfindungen, der Gefühle, ja der gesamten Psyche künstlich zu reproduzieren, ist es dann wirklich ein Mensch? Fügt sich das alles so zusammen, dass das Wesen, das entsteht, in einem tiefen Sinn „Ich" sagen kann? Hat dieses Wesen dann nicht nur Intelligenz, sondern ein Bewusstsein von sich selbst, das nach dem Sinn der eigenen Existenz fragen kann?[62]

Dieses „Ganze", das mehr ist als die Summe seiner Teile, wollen wir mit Aristoteles „Seele" nennen.

Die Seelen der Apostel

Der Jude Paulus steht in seinen theologischen Ausführungen in der Tradition der alttestamentlichen Schriften und des späten Judentums. Er vergleicht den Tod des Leibes (im 1. Korintherbrief, Kapitel 15) mit einem sterbenden Samenkorn, das in der Pflanze aufersteht. Der Leib wird dabei verwandelt, aber nicht zerstört. Für Paulus ist der Leib das Medium, das einen Menschen ausdrückt und über den Tod hinaus bestehen bleibt. Auch nach dem Tod rechnet er mit einem verwandelten Leib.[63] Wobei Paulus interessanterweise zwischen dem Leib (*Soma*) und dem Körper (*Sarx*) unterscheidet. Das, was im Grab liegt oder in der Leichenhalle, das ist der Körper. Der „Leib" bedeutet mehr – er schließt zwar den Körper mit ein, meint aber den lebendigen Menschen in Gänze.

In seinem Briefwechsel mit den Korinthern unterscheidet Paulus darüber hinaus auch noch den *inneren* und den *äußeren* Menschen, das Sichtbare und das Unsichtbare. Er unterscheidet den Menschen vor seiner Bekehrung zu Christus und nach seiner Bekehrung, wenn der lebensschaffende Geist Gottes in ihn eingezogen ist. Der vom Geist Gottes Bewohnte ist schließlich frei von der Macht der Sünde, hat aber den Tod noch vor sich. Er hat einen neuen Kern in einer alten Hülle. Der Geist Gottes arbeitet in ihm und erneuert ihn auf diese Weise täglich.

Für Paulus ist die Seele also der Ort jener Spannung zwischen dem *Jetzt* und *Nochnicht* der Gottesherrschaft, dem alten und neuen Äon, dem alten und neuen Menschen.

Der aramäisch schreibende Jude Matthäus, der seine Jesusbiographie ganz nahe an den jüdischen Wurzeln, den Prophezeiungen und Verheißungen des Gottes Jahwe ansiedelt, verwendet den Seelenbegriff an zwei prominenten und prägenden Stellen seines Evangeliums:

Da heißt es im Kapitel 10, Vers 27 ff.:

> *Was ich euch sage in der Finsternis, das redet im Licht; und was ihr hört in das Ohr, das predigt auf den Dächern. Und fürchtet euch nicht vor denen, die den Leib töten, und die Seele nicht können töten; fürchtet euch aber vielmehr vor dem, der Leib und Seele verderben kann in der Hölle.* (Matthäus 10,27–28)

Etwas später, im Kapitel 16, lässt der Erzähler Matthäus den Wanderprediger Jesus formulieren:

> *Will mir jemand nachfolgen, der verleugne sich selbst und nehme sein Kreuz auf sich und folge mir. Denn wer sein Leben erhalten will, der wird's verlieren; wer aber sein Leben ver-*

liert um meinetwillen, der wird's finden. Was hülfe es dem Menschen, wenn er die ganze Welt gewönne und nähme doch Schaden an seiner Seele? Oder was kann der Mensch geben, womit er seine Seele auslöse? (Matthäus 16,24–26)

In diesen beiden prominenten Sätze wird das Wort Seele ganz im alttestamentlichen Sinne gebraucht. Da kann einer seine Seele beschädigen und verlieren, sie kann getötet, verdorben und ausgelöst werden. Und was dann beschädigt ist, ist der ganze Mensch. Wenn einer an seiner Seele Schaden genommen hat, so hat er einen Bruch im ganzen Leben.

Matthäus spricht auch hier den inneren Menschen an, der verkümmern kann, wenn das äußere Wohlergehen auf Kosten seiner Seele geht. Die ganze äußere Welt wiegt eine mit Gott verbundene Seele nicht auf.

Manche zeitgenössischen Autoren moderner Bibelübersetzungen schlugen (etwa im Zuge der Bibelübersetzung von 1975) vor, die Worte *Näphäsch* und *Psyche* – diese Verwirrworte und „Umbrella"-Begriffe – einfachheitshalber einheitlich mit *Selbst* zu übersetzen. Versucht man aber den Begriff Seele in den biblischen Texten durch Selbst zu ersetzen, bleibt ein schaler Geschmack. Seele ist doch tiefer und mehr als Selbst und etwas anderes als Leben. Seele beschreibt das *add-on* zum simplen Lebendigsein, beschreibt unser Verbundensein untereinander und unsere Öffnung hin zu einer transzendenten Dimension.

Seele und Schuld

Erst der nordafrikanische Kirchenvater Augustinus las schließlich im vierten Jahrhundert nach Christus die Schriften des Paulus mit der Brille des Platon und trug als eifriger Schüler des damals führenden Philosophen Plotin, dessen Philosophie auf der des Platon fußte, in die Texte des alten Apostel einen Dualismus von Leib und Seele ein. Die Seele wird jetzt zum „Gottesteilchen" im Menschen. Sie wird zum Ort, an dem der Mensch die Wahrheit Gottes sucht. Augustinus entfernt sich ganz von den biblischen Gedankenfiguren, für die eine Seele ohne Körper undenkbar ist. In den biblischen Schriften ist die Seele Prinzip und Geheimnis des Lebens. Für

Augustinus ist die Seele der unsterbliche Anteil im Menschen. Eine neue Innerlichkeit wird mit der Seelenlehre des Augustinus geboren, der Mensch sucht Gott und Wahrheit nun auf dem Grunde seiner Seele.

Wenn Augustinus in seinen „Alleingespräschen" formuliert, „Gott und die Seele begehre ich zu erkennen. Sonst nichts, überhaupt nichts"[64], wendet er den Blick des Menschen nach innen. Die Seele ist hier Ort der Selbstprüfung, Sitz des Glaubens, Anker für die göttliche Erleuchtung, Wohnung der moralischen Kräfte, Objekt und Subjekt der lebenslangen Suche nach Gott und seiner Wahrheit. Man könnte in Augustinus den Großvater einer christlichen Mystik erkennen – die dann von Meister Eckhard oder Hildegard von Bingen weiterentwickelt wurden – und die die Innenperspektive des Menschen als Gottesraum im Individuum begreift. Und als jenen Teil im Menschen, der den Tod überlebt:

> *„Verbirg dein Angesicht nicht vor mir, ich will sterben, damit ich (ewig) lebe und dich schaue von Angesicht zu Angesicht. Eng ist das Haus meiner Seele, erweitere es, dass es werde deine Wohnung."*[65]

Der lange Weg der Seele von der hebräischen *Näphäsch* über die griechische *Psyche* hin zur lateinischen *Anima* hat ihre Identität also vielfach verändert und ihr immer neue Bedeutungsgehalte zugeführt. Allerdings prägte der Leib-Seele-Dualismus des Augustinus das abendländische Christentum in der Tiefe und führte in manchen Strömungen des Christentums zu jener Leibfeindlichkeit und Weltverachtung, die sich aus den Schriften des alten und des neuen Testaments nicht speisen können.

Insofern ist der Seelenbegriff aus der Kulturgeschichte des Christentums einerseits nicht wegzudenken, denn die Bibel, die schriftliche Urkunde der christlichen Religion verwendet diesen Begriff prominent, wenn es ums Verhältnis des Menschen in der Welt, zu sich selbst und zu Gott geht. Zum anderen lassen sich ziemlich präzise seine Bedeutungsschwankungen nachzeichnen, bis man schließlich zu einer „Reanimation" der Seele gelangt.

Allerdings ist mit der Vorstellung der Seele als unzerstörbarem „Gottesteilchen" im Menschen auch die breite Schuldgeschichte des Christentums verbunden. Dort nämlich, wo die Kirche in unterschiedlichen Phasen der Geschichte bestimmten Geschöpfen eine Seele zuerkannt und sie anderen abgesprochen hat. Waren es die Frauen oder die Ureinwohner kolonialisierter Länder, waren es Menschen mit Behinderung oder anderer Religionen. Zu verschiedenen Zeiten wurde die Seele also dazu benutzt, Personen voneinander zu trennen – in vernunftbegabte oder weniger vernünftige, in fühlende oder fühllose, in wertvolle oder unwerte.

Von den Tieren ganz zu schweigen: Bis heute hat die Geschichte der qualvollen Massenvernichtung von Tieren ihren Ursprung dort, wo die Seele im platonischen Sinne auf den Menschen reduziert wird und dessen Möglichkeit der Seelenbildung und der moralischen Urteilskraft. Wäre die christliche Theologie bei ihren biblischen Wurzeln geblieben und hätte sie die Seele als Kraft des Lebendigen und des Zusammenspiels der Geschöpfe verstanden, der Umgang mit den tierischen Mitgeschöpfen, ja mit der ganzen Umwelt hätte eine andere Wertschätzung und Würde verlangt. Vielleicht liegt dort, in der Schuldgeschichte der Seele – von der begrifflichen Unterwerfung der theologischen Wissenschaften unter die Herrschaft der empirischen Wissenschaften einmal abgesehen – jener

Ursprung, der zum Aufgeben des Seelenbegriffs auch in der Theologie führte.[66]

In jedem Fall beobachtet der Psychiater Daniel Hell:

„Die meisten Theologen fürchten den Seelenbegriff wie der Teufel das Weihwasser."[67] Und der systematische Theologe Ulrich Barth formulierte 2004:

„In der heutigen Theologie sucht man den Seelenbegriff vergebens, sowohl in der Dogmatik, Anthropologie, als auch in der Seelsorgelehre und Religionspsychologie."[68]

Damit aber entkernt die Theologie das Reden vom Menschen in den biblischen Schriften und in der kirchlichen Tradition und schwächt das Verstehen der biblischen Texte. Diese Texte prägen aber nach wie vor die vorfindlichen gottesdienstlichen Liturgien in allen Konfessionen. Wenn man diese alten Worte benutzt, sollte man sie auch in ihren Verstehenshorizonten öffnen und erklären.

Seele in Choral und Liturgie

Es gibt in der geistlichen Musik wohl kaum einen Text, der so oft vertont wurde und bis heute so unbeirrt gesungen wird, wie das Magnifikat, jenes große Lied der Maria aus dem Lukasevangelium. Als der Verkündigungsengel dem jungen Mädchen die überraschende und unmögliche Schwangerschaft prophezeit, reagiert Maria mit einem Lobpreis, in dem sie sich Gottes Willen unterwirft:

> *Meine Seele erhebt den Herren und mein Geist freut sich meines Heilandes.* (Lukas 1,46)

Das Lied der Maria nach der Empfängnis intoniert die singende und betende Seele. Aus den religiösen Sprachräumen von Choral, Liturgie und Gebet ist die Seele nicht wegzudenken:

> *„Sprich nur ein Wort, so wird meine Seele gesund"!*

In jeder katholischen Eucharistiefeier wird die unheile und erlösungsbedürftige Seele thematisiert. Auch für die mannigfaltigen Vertonungen der Psalmen in den Gesangbüchern aller christlichen Konfessionen ist die Seele unverzichtbar.

So hebt der Psalm 146 in der Liedversion des Dichters Paul Gerhard die schönste Aufgabe der Seele hervor, nämlich die zu singen:

Du meine Seele, singe, /
wohlauf und singe schön /
Dem, welchem alle Dinge /
zu Dienst und Willen stehn. /
Ich will den Herren droben /
hier preisen auf der Erd; /
Ich will ihn herzlich loben, /
solang ich leben werd.[69]

Die Seele ist der unverwechselbare Innenraum des Einzelnen. Hier lobt der Mensch Gott für sein pures Dasein. Die Seele ist dabei der Raum, in dem sich eine Biographie als Individualität konstituiert, der rote Faden des Lebens, in dem die Erinnerung festgehalten wird und aus einem Menschenleben ein Unikat wird. Der Mensch versichert sich beim Beten und Singen seiner selbst.

Und er versichert sich seines Lebendigseins als Geschenk. Die Seele ist also der Ort, wo der Mensch das Leben bejubelt oder beklagt.

Das betende Tier

Die Autoren Michael Vaas und Rüdiger Blume haben 2009 in ihrem Buch „Gott, Gene und Gehirn" einmal zusammengestellt, wie unterschiedliche Wissenschaften die Fähigkeit des Menschen zu beten einordnen.

> *Der Biologe Alister Hardy hat den Menschen als „betendes Tier" bezeichnet.*
>
> *Der Paläoanthropologe Richard Leakey betonte: „Unter den vielen Merkmalen [...] die uns von der übrigen Natur unterscheiden, ist Religion sicher eines, das unleugbar nur dem Menschen eigen ist."*
>
> *Der Theologe Ulrich Lüke schrieb: „Die Religion bildet den Rubikon der Hominisation."*[70]

Religiosität ist also auch für manchen Biologen nicht unbedingt eine Zufallserscheinung oder eine überflüssige Schrulle der Evolution. Ihre Existenz bedarf der Erklärung. Vaas und Blume weisen darauf hin, dass Religionswissenschaftler wie Rudolf Otto und Mircea Eliade den Menschen nicht in erster Linie über sein Denk- oder Sprachvermögen, sein Ich-Bewusstsein oder seine technischen Fertigkeiten definieren, sondern über seine Religiosität. Als der Mensch in seiner langen Evolutionsgeschichte zum Menschen wurde, begann er zu beten: Homo religiosus. Von keinem anderen Tier auf Erden sind religiöse Neigungen belegt, insofern scheint hier ein *Specificum humanum* vorzuliegen, ein anthropologisches Grundphänomen.

Der Mensch hat ein unbestimmbares Wesen: Körperlich schwach, aber offen für Prägungen aller Art braucht er zum Überleben Hilfe und Instrumente.

Wie das schon der Kulturwissenschaftler Arnold Gehlen vor Jahrzehnten ausgeführt hat:

Der Mensch ist ein Mängelwesen. Menschen können ohne Technik nicht überleben und entwickeln deshalb eine ungeheure Schöpfer- und Geisteskraft, um ihre natürliche Vulnerabilität zu kompensieren. Sie erfinden Technik, um sich weiterzuentwickeln und gegenüber der Natur abzusichern.

Und wir Menschen leben in Sprache und Kultur, entwickeln Rituale und Institutionen, um unsere Verletzlichkeit und unser Wissen um unseren Tod zu verarbeiten.[71]

Doch je mehr Technik wir in unser individuelles Leben und unsere Gesellschaften lassen, desto stärker wird unser Abstand zur wirklichen Welt. Wir entsinnlichen unser Leben und denken und erfahren die medial vermittelte Welt zunehmend aus zweiter Hand.[72]

Die Technik ist also unsere Spielwiese, um uns das Überleben zu sichern, sei es ein Stock oder die digitale Vernetzung. Diese prinzipielle Offenheit oder mangelnde biologische Definition, die den Menschen ausmacht, bindet ihn in eine unauflösliche Spannung, zwischen seinem Körper, der dem der Tiere ähnlich ist, und den transzendenten Horizonten der Religion, die ihn hinauslockt ins Weite.

> *Was also wird der Mensch werden? Wird er Gott oder den Tieren gleich sein? Welch entsetzlicher Abstand! Was also werden wir sein? Wer erkennt nicht aus alledem, dass der Mensch verirrt, dass er aus seinem Ort gefallen ist, dass er ihn ruhelos sucht und dass er ihn nicht wiederfinden kann?*[73]

Der Mensch ist also ein Wesen, dem kein Platz im Kosmos bestimmt ist. „Aus dem Ort gefallen" klagte der Mathematiker und Philosoph Blaise

Pascal in seinen Gedanken über die Religion. Die Spannung zwischen seiner animalischen und spirituellen Natur ist das Spezifikum des Menschen. Gerade in ihr wächst Schöpferkraft.

Mit dem Begriff der Seele beschreiben wir also auch den Ort, an dem sich unsere menschliche und unsere göttliche Natur begegnen.

Das „betende Tier" tritt in seiner Daseinsfreude, seinem Schmerz und Leid, seinem Triumphieren und Jubeln in den gottesdienstlichen Vollzügen der Liturgie und des Gesanges besonders in Erscheinung. Die Gottesfrage „Wo bist Du?" wird mit einem „Hier bin ich" beantwortet.

Vor allem in der Barockmusik wird es deutlich: Hier hat die Seele im Sopran eine eigene Stimme bekommen. Ein leidenschaftlicher Flirt zwischen Christus und der Seele ist beispielsweise in der Bachkantate „Wachet auf, ruft uns die Stimme" (BWV 140) niedergelegt. Unterlegt mit einem virtuosen Geigensolo „unterhält" sich die Seele im Dialog mit Jesus.

Wenn kömmst du, mein Heil?
Ich komme, dein Teil.
Ich warte mit brennendem Öle.

Er öffne / Ich öffne den Saal
zum himmlischen Mahl!
Komm, Jesu!
Komm, liebliche Seele![74]

Die Anima ist in diesen zärtlichen Dialogen immer der hohe Sopran: Resonanzraum für den kommenden Gott. Wie ein Prunksaal öffnet sie sich und lässt Gott ein oder umgekehrt: Jesus lässt die Seele des betenden Menschen zu sich. Die Arien sind meist in einem tänzerischen Rhythmus komponiert und inszenieren ein werbendes Liebesspiel zwischen der Seele und Gott.

Johann Sebastian Bach hat eine ganze Reihe von „Seelenkantaten" komponiert. Sie heißen: „Meine Seele erhebt den Herren" (BWV 10) oder „Schmücke dich, o meine Seele" (BWV 180) oder „Und meine Seele spricht" (BWV 51).[75] In der Johannespassion setzt sich die Seele ihrem Jesus sogar an die Fersen und folgt ihm an einem Liebesfaden, wohin er sie auch immer führt.

Ich folge dir gleichfalls
Mit freudigen Schritten
Und lasse dich nicht,
Mein Leben, mein Licht.

Befördre den Lauf
Und höre nicht auf,
Selbst an mir zu ziehen,
Zu schieben, zu bitten.[76]

Bach nahm sich für solche Arien häufig zeitgenössische Liebeslieder als Vorbild und ließ die erotische Anziehung zwischen Verliebten mit der Liebesbeziehung zu Gott verschwimmen. Gott und die Seele werden im betenden Gesang eins. In diesen Duetten wird die hohe Stimme zur „Braut Christi". Die Seelenstimme wohnt im menschlichen Körper und wird erst durch ihn ausdrucksfähig. Diese Texte, in himmlische Musik gewoben, gehören zum Weltkulturerbe und in die Herzkammer der christlichen Tradition.

Wie sollen wir uns künftig über Religiosität verständigen, wenn wir solche Texte in der Vergangenheit versteinern lassen und ihnen allenfalls musealen Charakter zuschreiben? Wenn wir zusehen, wie die „Seele" im Dunkel der Jahrhunderte verschwindet und nur noch in der alten christlichen Musik und der Liturgie wohnt? Könnte es denn sein, dass die Theologie ihre eigenen blühenden und berührenden Traditionen begräbt, indem sie die Sprache der Religion sterben lässt? Wenn die Seele verschwindet, wird ihr unter dem Druck des materialistischen und funktionalistischen Denkens das Wort „Gott" auch bald folgen.

Der katholische Theologe Karl Rahner schrieb 1976:

> *Bedenken wir einmal (...) das Wort „Gott" soll verschwunden sein, spurlos und ohne Rest, ohne dass noch eine übriggelassene Lücke sichtbar ist, ohne dass es durch ein anderes, das uns in derselben Weise anruft, ersetzt wird, ohne dass durch dieses Wort auch nur wenigstens eine oder besser die Frage schlechthin gestellt würde, wenn man schon nicht dieses Wort als Antwort geben oder hören will. (...) Dann ist der Mensch nicht mehr vor das eine Ganze der Wirklichkeit als solcher und nicht mehr vor das eine Ganze seines Daseins als solchen gebracht. (...) Der Mensch hätte das Ganze und seinen Grund vergessen und zugleich vergessen – wenn man das noch so sagen könnte –, dass er vergessen hat. (...) Er würde aufhören, ein Mensch zu sein. Er hätte sich zurückgekreuzt zum findigen Tier (...). Aber eigentlich existiert der Mensch nur*

als Mensch, wo er wenigstens als Frage, wenigstens als verneinende und verneinte Frage „Gott" sagt. Der absolute, selbst seine Vergangenheit tilgende Tod des Wortes „Gott" wäre das von niemandem mehr gehörte Signal, dass der Mensch selbst gestorben ist.[77]

Rahner meint also, wir verlören unser Menschsein, wenn wir die Gottesfrage grundsätzlich für irrelevant erklären und uns womöglich selbst an diese Stelle setzen (wie das auch Harari mit seinem Buch *Homo Deus* behauptet[78]). Aber wir werden dann nicht zum „findigen Tier" – wie Rahner noch vermutete – sondern entwickeln uns wahrscheinlich in die Richtung eines Modells, das wir für unser Menschsein angenommen haben: Wir nähern uns den Programmen an.

Nicht in der Weise, dass wir die Logiken und Rechenfiguren des Computers bestimmen, sondern vielmehr so, dass die algorithmischen Systeme uns prägbare Wesen Stück für Stück in ihre eigenen Logiken pressen, unser Denken rationalisieren, uns auf Entscheidungen reduzieren und uns die Tiefe der Empfindung, den Ausdruck von Leid und Schmerz abnehmen, aber auch die

Fähigkeit zur leiblichen und atmenden Freude. Wir betenden Tiere werden dann unsererseits auf unsere Nützlichkeit reduziert und das Glück der Existenz, dieser Tiefenstrom menschlichen Staunens wird versiegen.

Das jüdische Sabbatgebot und die Feier des christlichen Sonntags sind deshalb so überlebenswichtig, weil sie den immer wiederkehrenden Stillstand der Arbeit einfordern und alle Nützlichkeitserwägungen stoppen. Nur das pure Dasein als Existenzberechtigung der Geschöpfe wird am siebten Tag nach sechs Tagen Arbeit gefeiert.

Martin Luther empfiehlt sogar, die Erinnerung an das Geschenk der Existenz jeden Tag zu erneuern, wenn er in seinem täglichen Morgensegen formuliert:

Ich danke dir, mein himmlischer Vater, durch Jesus Christus, deinen lieben Sohn, dass du mich diese Nacht vor allem Schaden und Gefahr behütet hast, und bitte dich, du wollest mich diesen Tag auch behüten vor Sünden und allem Übel, dass dir all mein Tun und Leben gefalle. Denn ich befehle mich, meinen Leib und Seele und alles in deine Hände. Dein heiliger Engel sei mit mir, dass der böse Feind keine Macht an mir finde.

Als dann mit Freuden an dein Werk gegangen und etwa ein Lied gesungen oder was dir deine Andacht eingibt.[79]

Heute von der Seele reden

„Meinen Leib und meine Seele *und alles*". Nur in dieser Kombination sind wir Menschen: „und alles". Wie kann man heute von dem reden, was nichts ist, aber doch alles?

Angesichts der Vielfalt an Bedeutungen der Seele ist es wohl angebracht, diesen Begriff, der einen Rettungsversuch wahrlich verdient hat, aus jüdisch-christlicher Sicht wieder einzugrenzen. Es stellt sich die Frage, in welchem Sinne wir im Biotop der Theologie und des Gottesdienstes weiter von der Seele reden können, ja die Zurückhaltung aufgeben und den Begriff als Differenzbegriff zur unbelebten Materie und den Maschinen aufleben lassen sollten. Sozusagen als religiöse und spirituelle Metapher.

Doch eine Metapher zu definieren ist ein Widerspruch in sich. Wir können lediglich festhalten, wovon wir *nicht* reden, wenn wir im jüdisch-christlichen Sinne von der Seele sprechen. Hier ist sie ohne Körper undenkbar, erlischt aber nicht mit dem Körper. Sie wandert auch nicht in andere Körper und löst sich nicht auf. Sie ist keine Entität. Wir können nur von der Seele sprechen, weil und solange wir einen Leib haben. Wir respektieren und achten die religiöse und psychologische Erfahrung, dass unsere Seele uns im Traum Bilder schickt, die Auskunft geben über unser Innenleben. An welcher Stelle des Gehirns und durch welche biophysikalischen und biochemischen Prozesse solche Bilder produziert werden, das kann man messen. Welche Bilder uns jedoch erscheinen, ist unmessbar und unverwechselbar bei jedem Menschen. Traumbilder spielen bis heute eine wichtige Rolle in therapeutischen Heilungsprozessen.

Der Pfarrerssohn Carl Gustav Jung, Begründer der Jung'schen Schule der Psychologie, versuchte mit seinen Forschungen die Religion ins Innere des Menschen zu holen und ihr so einen heilsamen Platz in therapeutischen Prozessen einzuräumen. Für ihn sind die biblischen Schriften ein Reservoir von archetypischen Bildern, die dem Menschen auch in Träumen den Weg weisen. Insofern ist C.G. Jung ein Zeuge der biblischen Erzählschicht, die Gott durch Träume zu den Menschen sprechen lässt und ihnen im Schlaf einen neuen Weg eröffnet.

C.G. Jung schreibt über das Verhältnis von Körper und Seele:

> *Seele und Körper sind wohl ein Gegensatzpaar und als solches der Ausdruck eines Wesens, dessen Natur weder aus der stofflichen Erscheinung, noch aus der inneren unmittelbaren Wahrnehmung erkennbar ist … Ein unerkennbares lebendiges Wesen erscheint äußerlich als stofflicher Körper, innerlich angeschaut aber als Folge von Bildern der im Körper stattfindenden Lebenstätigkeit. Das eine ist das andere, und der Zweifel befällt uns, ob nicht am Ende diese ganze Trennung von Seele und Körper nichts sei als eine (…) für die Erkenntnis unerlässliche Unterscheidung eines und desselben Tatbestandes in zwei Ansichten.*[80]

Eine „Seele", die innere Bilder produziert, beschreibt hier also unser intuitives Wissen um die

Lebendigkeit oder, wie Jung sagt, „Lebenstätigkeit". Schon Kleinkinder unterscheiden präzise zwischen einem lebendigen Tier und einem Stofftier. Sie erkennen das Lebendige. Dabei wird gerade bei Kindern deutlich, dass wir Menschen auch zu nichtlebendigen Dingen sehr heftige und intensive Beziehungen eingehen können. Das gilt für das Stofftier und die Puppe, bei alten Menschen, die an Demenz leiden, kann man beobachten, dass auch auf sie beispielsweise elektronische Robben eine tiefe, beruhigende Wirkung haben können. Menschen gehen mit leblosen Dingen also bedeutsame Beziehungen ein (die Beziehung mancher Männer zu ihren Autos soll hier jetzt nicht thematisiert werden), aber dennoch unterscheiden wir immer zwischen Lebendigem und Nicht-Lebendigem.[81]

Die Seele verbindet uns mit Tieren und Pflanzen. Der Mensch als Teil des Ganzen. Die deutsche Sprache hat hierfür das schöne Wort „beseelt".

In der Sprache der Theologie sind das „Geschöpfe", durch den Atem des Schöpfers mit der Welt verbunden, jeder Atemzug eine Antwort auf Gott.

Für die Bewusstseinsphilosophie hat dies 1974 der Philosoph Thomas Nagel eindrucksvoll beschrieben. Sein einschlägiger Aufsatz heißt: „Wie ist es, eine Fledermaus zu sein?"[82] Thomas Nagel macht darin klar, dass es Menschen unmöglich ist, sich in die Wahrnehmung einer Fledermaus hineinzudenken. Wir können ihre Sinnesorgane simulieren, erforschen, wie sie in der Nacht sieht, wie sie hört, wie sie jagt. Doch auch wenn wir alle Wahrnehmungen technisch vorstellbar machen, können wir trotzdem niemals verstehen, wie es sich für die Fledermaus anfühlt, eine Fledermaus zu sein. Wir können mit unseren Vermessungen lediglich eine ungefähre Vorstellung davon generieren, wie es für uns Menschen sein könnte, eine Fledermaus zu sein und mit dem Kopf nach unten in einem Baum zu hängen. Diese schmale Erkenntnis bezieht sich übrigens nicht nur auf das „Bewusstsein" einer Fledermaus, sie bezieht sich schon auf jeden anderen Menschen, der nicht „ich selber" ist.

Die Innenperspektive eines jeden unterscheidet sich so erheblich, dass wir uns letztlich nie ganz in einen anderen Menschen hineinversetzen können. Wenn uns dies aber halbwegs gelingt, sprechen wir schon von „Seelenverwandtschaft". Weil wir Menschen aber soziale Wesen sind, haben wir eine unendliche Anzahl von Techniken entwickelt, um die Seele des anderen zu erreichen. Die Sprache etwa, die Musik, den Gesang, die Schrift. Vielleicht auch das gemeinsame Beten und Lachen. „Instrumente", um andere Seelen zu erreichen und unser einsames Ich mit ihnen zu verbinden. Dies sind Momente, wo wir uns als Gruppe unter einer Empfindung zusammenfinden und für kurze Zeit Seelenverwandte sein können. Der Schrei aus einer Kehle, wenn im Fußballstadion ein Tor fällt. Die Tränen bei einer Opernarie. Die Ekstase bei einem Rockkonzert. Die gemeinsame Totenklage bei einer Trauerfeier. Das gemeinsame Gebet beim Gottesdienst. Und natürlich der Gesang. Vielleicht ist die Sucht nach bewusstseinserweiternden Drogen auch so zu erklären, dass wir uns mit anderen auf einer neuen seelischen Ebene verbinden wollen.

Die Sehnsucht nach Seelengemeinschaft ist bei den meisten jedenfalls groß. Vielleicht liegt darin auch das Geheimnis des „betenden Tieres". Wir spüren, dass wir immer allein sind, auch innerhalb unserer eigenen Art. Und wir wissen, dass wir uns mit anderen niemals völlig „gleichschalten" können, wie Computer das machen. Wir sehnen uns nach einer transzendenten Instanz, in der wir uns ganz und gar erkannt fühlen, der wir unsere Innenperspektive mitteilen und mit der wir unsere Gefühle teilen können.

> *HERR, du erforschest mich und kennest mich. Ich sitze oder stehe auf, so weißt du es; du verstehst meine Gedanken von ferne. Ich gehe oder liege, so bist du um mich und siehst alle meine Wege. Denn siehe, es ist kein Wort auf meiner Zunge, das du, HERR, nicht alles wüsstest. Von allen Seiten umgibst du mich und hältst deine Hand über mir. Diese Erkenntnis ist mir zu wunderbar und zu hoch, ich kann sie nicht begreifen.* (Psalm 139, 1–6)

Die Sehnsucht nach Nähe und Erkanntwerden und die damit verbundene Ambivalenz ist in diesen Versen zusammengefasst. Sehnsucht und Bedrängtsein. Gott ist das Dritte zwischen uns Menschen. Ein Du und ein Ich können streng genommen ja nur gedacht werden aus der Perspektive des Dritten. Gott ist die Chiffre für diese Instanz, die uns befähigt, unsere kosmische Einsamkeit zu überwinden.

Mag sein, dass aus Sicht der Programmierer, der Neurowissenschaftler und anderer Forscher, aus der Sicht der Dataisten, der Trans- und Posthumanisten, diese Instanz lediglich ein Beispiel dafür ist, wie fehlerhaft und triebgesteuert, wie unberechenbar und verrückt die Maschine Mensch agiert. Ausgeliefert den Dilemmata und Ambivalenzen, die mit der Lebendigkeit einhergehen. Gesteuert von Hormonen und Endorphinen, von Menstruationsblut und Ejakulation. Vulnerabel und leicht zu beschädigen, dem Verfall geweiht. Ausgesetzt im Kosmos mit zu viel Bewusstsein, um mit der Mitwelt eine harmonische Einheit zu bilden. Und doch mit zu wenig Bewusstsein, um über den Tellerrand der eigenen Existenz zu blicken.

Und dieser Mensch ist zugleich ausgestattet mit der Fähigkeit, ganz unterschiedliche Sinneswahrnehmungen im Bruchteil von Sekunden zu einem kohärenten Bild zusammenzubauen und diesem Bild eine Bedeutung zu verleihen. Selbst, was wir nicht wahrnehmen, bauen wir mit ein in unsere Konstruktion von der Wirklichkeit und deuten so unser Leben.

Für einen Hirnforscher ist dieses Denken, unser Selbst- und Ich-Bewusstsein,

„nichts anderes als Konstrukte unseres Gehirns, von der Evolution zur Steigerung unserer Überlebensfähigkeit entwickelt".

So schrieb schon Anfang des 20. Jahrhunderts der Physiker und Philosoph Ludwig Bolzmann:

Das Gehirn betrachten wir als den Apparat, das Organ zur Herstellung von Weltbildern, welches sich wegen der großen Nützlichkeit dieser Weltbilder für die Erhaltung der Art entsprechend der Darwinschen Theorie beim Menschen zur besonderen Vollkommenheit ausbildete, wie bei der Giraffe der Hals, beim Storch der Schnabel.[83]

Wer dieses Welt- und Menschenbild propagiert, der ist schnell bei der Annahme überlegener Computer-Intelligenzen, die leistungsfähiger sind als unser Gehirn und die als neuronale Netze schöpferisch werden und möglicherweise eines Tages sogar eigene Ziele verfolgen.[84] Doch diese Sicht verkennt das Wesentliche an der Art des Menschen zu denken – nämlich dass es sich nicht nur aus vorhergehenden und bekannten Denkvorgängen ableitet, sondern dass er in der

Lage ist, einen totalen Blickwechsel vorzunehmen und die Welt völlig neu zu interpretieren.

Computer verfolgen immer die vom Menschen vorgegebenen Ziele, Logiken und Entscheidungen. Sie werden sie verfeinern und im Sinne der Effektivität und der Effizienz mitunter überraschend verändern. Das haben Experimente mit Schachcomputern oder dem großartigen Programm Alpha-Go gezeigt: Kein Mensch der Welt ist heute noch in der Lage, „Alpha-Go" im sehr komplexen asiatischen Brettspiel „Go" zu besiegen. Programme gewinnen gegen die geschicktesten Menschen, denn sie können Hunderte von Spielschritten in Bruchteilen von Sekunden vorausrechnen.

Der Mensch kombiniert langsam und intuitiv und braucht allerdings für ähnliche Ergebnisse kaum Energie. Was den menschlichen Geist vom Computer allerdings diametral unterscheidet, ist: er kann umdenken. In der Geistesgeschichte hat ein solches Umdenken und Verlassen aller Trampelpfade und vorgesehenen Kategorien immer wieder stattgefunden und die gesamte Weltwahrnehmung für Generationen auf den Kopf gestellt.

Zum Beispiel Albert Einstein: Der Physiker und Nobelpreisträger fand heraus, dass man

Licht in zwei unterschiedlichen Verfasstheiten beschreiben muss – als Welle und als Teilchen. Als er bemerkte, dass seine Licht-Messungen den traditionellen Modellen der Physik widersprachen, setzte Einstein ganz neu an und stellte die grundsätzliche Frage: Was eigentlich ist Zeit und was ist Raum? Und er erkannte, dass unsere Weltwahrnehmung sehr relativ ist, dass Zeit und Raum nicht absolut sind, sondern immer von der Perspektive und dem Ort des Betrachters abhängig. Und dass Licht je nach Betrachtung in unterschiedlichen Gestalten in Erscheinung tritt. (Könnte das nicht auch eine Metapher sein für den Menschen? Er ist wie das Licht: Je nach Betrachtung sehen wir entweder den Leib oder die Seele.) Die Physik war durch Einsteins Erkenntnis gezwungen, alles zu überdenken. Dazu ist dieses stickstoffbetriebene intuitive Lebewesen Mensch im Unterschied zum Computer nämlich fähig: Alles ganz neu zu denken.

Die Gesellschaftspolitik hat dasselbe auch erlebt – etwa mit Mahatma Gandhi. Dieser überraschte die auf Gewalt fixierte Weltwahrnehmung der Kolonialherren mit einem ganz neuen Ansatz. Er stellte ein bisher unbekanntes Paradigma des politischen Protests auf: das der

Gewaltlosigkeit. Damit hatte die Welt ein neues Muster der politischen Auseinandersetzung und Konfliktaustragung gelernt. In der Sprache der Bibel und der Theologie nennt man diese urmenschliche Fähigkeit „Umkehr". Im neutestamentlichen Griechisch: *Metanoia*.

Der Ruf zum Neudenken ist ein Schlüsselwort jüdisch-christlichen Denkens.

Es ist der wichtigste Appell Johannes des Täufers, jenes Rufers in der Wüste, der in Fellen umherlief und vom wilden Honig lebte und es ist der Appell des Predigers Jesus von Nazareth. *Kehrt um, ändert Euer Leben! Denn das Reich Gottes ist nahe.* (u. a. Matthäus 3,2; Markus 1,15) Der Ort der Richtungsänderung und Umkehr, der Ort neuer Ideen und des Perspektivwechsels ist aus christlicher Sicht die Seele. Von ihr kommt die Energie, alle Voraussetzungen des bisherigen Denkens hinter sich zu lassen und ganz neu anzusetzen. Denn Seele im theologischen Sinn bedeutet auch die Richtung und Dynamik unserer Willenskraft. Und sie meint die Lebensziele, die wir uns setzen und die wir verändern können.

Unser Denken dient nämlich tatsächlich dem Überleben – unserm eigenen und dem der Schöpfung. Dabei haben wir andere Kriterien als der

Computer. Wir beurteilen und bewerten, schreiben Bedeutung zu. Wir reagieren mit Angst, Wut und Trauer, mit Mut und Opferbereitschaft. Auch mit Panik und Dummheit. Für das Überleben anderer sind manche kraft ihrer Seele sogar bereit, das eigene Leben zu riskieren.

Man muss die Weltanschauung der Neurowissenschaften, der Computerforscher und derer, die das Ende des Anthropozän, dieser Ära des Menschen auf der Erde, ausrufen in ihren Fortschritten und in dem damit einhergehenden General-Vorwurf an die menschliche Art, nicht bekämpfen.

Wir verdanken diesen Wissenschaften eine neue vernetzte Welt, wir verdanken ihnen unendlich interessante Einblicke in die Wunder des menschlichen Denkens und Empfindens.

Lediglich der Gestus derer, die behaupten, das Rätsel der menschlichen Seele gelöst zu haben, zeugt von einer gewissen Voreiligkeit und einer Übergriffigkeit hinein in den Kosmos der Religion, der Kunst, des Kultes, der Sprache und der Metaphern. Denn hier erfahren sich Menschen als inspiriert, gewollt und beseelt.

Dort, wo man die Welt als Schöpfung versteht und den Menschen als einen Teil eines gottgewollten Kosmos, in dem der Mensch nicht funktioniert, sondern Gott mit seinem Leben antwortet und sein Leben verantwortet.

Vielleicht kann man sich mit den Lebens- und Naturwissenschaften darüber einig werden, dass jedes abschließende Reden vom Menschen die Menschengemeinschaft in ihrer (Selbst-) Erkenntnis nicht weiterführt. Dass wir über uns selbst letztlich nur mehr oder weniger belegbare Vermutungen anstellen können. Und dass die Metapher der Seele für dieses Unabgeschlossene steht, für das Geheimnis Mensch. Für dieses Unabgeschlossene plädiert in der biblischen Tradition das sogenannte Bilderverbot. Da heißt es zu Beginn der zehn Gebote:

> *Du sollst Dir kein Bildnis noch irgendein Gleichnis machen, weder von dem, was oben im Himmel, noch von dem, was unten auf Erden noch von dem, was im Wasser unter der Erde ist.* (Exodus 20,4)

In diesem Bilderverbot steckt die Erfahrung, dass scheinbar abschließende Urteile über Gottes Schöpfung in eine funktionalistische oder totalitäre Sackgasse führen.

Was geschieht, wenn man glaubt, ganz genau zu wissen und definieren zu können, was das ist – ein Mensch, ein Tier, eine Pflanze – das beschreibt der Dichter Berthold Brecht voller Ironie in seinen wunderbaren Dialogen vom Herrn K.

> *„Was tun Sie", wurde Herr K. gefragt, „wenn Sie einen Menschen lieben?" „Ich mache einen Entwurf von ihm", sagte Herr K., „und sorge dafür, dass er ihm ähnlich wird." „Wer? Der Entwurf?" „Nein", sagte Herr K., „der Mensch."*[85]

In diesem abschließenden Sinne liebt die chinesische Regierung ihre Bürger, indem sie deren Verhalten in Belohnungs- und Bestrafungssysteme einteilt bei gleichzeitiger totaler Überwachung.

In diesem Sinne versuchen auch algorithmische Systeme das Verhalten der Menschen vorauszusagen und zu trainieren und Gedanken und Empfindungen der Menschen zu navigieren. Max Frisch, ein anderer deutscher Dichter hat dieses Motiv – die Gefahr, ein abschließendes Urteil über den Menschen zu sprechen – ebenfalls mit der Erfahrung der Liebe beschrieben.

Es ist bemerkenswert, dass wir gerade von dem Menschen, den wir lieben, am mindesten aussagen können, wie er sei. Wir lieben ihn einfach. Eben darin besteht ja die Liebe, das Wunderbare an der Liebe, dass sie uns in der Schwebe des Lebendigen hält, in der Bereitschaft, einem Menschen zu folgen in allen seinen möglichen Entfaltungen ... Die Liebe befreit es aus jeglichem Bildnis.

... So wie das All, wie Gottes unerschöpfliche Geräumigkeit, schrankenlos, alles Möglichen voll, aller Geheimnisse voll, unfassbar ist der Mensch, den man liebt. – Nur die Liebe erträgt ihn so ... Es dürfte auch in diesem Sinne gelten: Gott als das Lebendige in jedem Menschen, das, was nicht erfassbar ist. Es ist eine Versündigung, die wir, so wie sie an uns begangen wird, fast ohne Unterlass wieder begehen – ausgenommen, wenn wir lieben.[86]

Das Wort „Seele" steht dabei für die Liebe zum Menschen, steht dafür, Einspruch zu erheben, wenn manche glauben, das Rätsel der beseelten Schöpfung und alles was darinnen ist, gelöst zu haben.

Die Seele steht weiter für die Bereitschaft,

groß vom Menschen zu denken und sein Geheimnis zu bewahren.

Und hier möge sich der Kreis schließen. Zurück zur leibhaftigen Vorstellung von der Seele „näphäsch“, wie wir sie in der hebräischen Bibel finden.

Eine ganze Welt ist eine Seele, und Seele das Wort für eine ganze Welt. So ist es in der jüdischen Mischna niedergelegt, wenn dort steht:

> *Deshalb wurde der Mensch für sich allein in die Welt erschaffen, um dich zu lehren, dass, wer immer eine Seele (näphäsch) zerstört, dies so zu achten ist, als habe er eine ganze Welt zerstört, und wenn jemand eine Seele (näphäsch) rettet, gilt es als habe er eine ganze Welt gerettet.*

Anmerkungen

1 Wilde, Oscar: Der Fischer und seine Seele, München 1970, S. 14.

2 ARD-Mediathek: Film „Die Seele ist ein Vogel – Die meisterlichen Höhlenmalereien des Cro-Magnon-Menschen". https://programm.ard.de/TV/arte/die-seele-ist-ein-vogel/eid_287242316319246. (zuletzt aufgerufen am: 02.05.2021).

3 Weil, Simone: Schwerkraft und Gnade, Koblenz 1952, S. 59.

4 Alle Zitate stammen aus der Lutherbibel von 2017: online aufrufbar unter: https://www.bibleserver.com/bible/LUT.

5 Hesse, Hermann: Über mein Verhältnis zum geistigen Indien und China, in: Aus Indien. Aufzeichnungen, Tagebücher, Gedichte, Betrachtungen und Erzählungen. Herausgegeben von Michels, Volker, Frankfurt am Main 1981, S. 201ff.

6 ebd.

7 Toller, Ernst: Die Maschinenstürmer, Ein Drama aus der Zeit der Ludditenbewegung in England, Leipzig Wien Zürich 1922.

8 Gabriele Kapp (Hrsg.): Heinrich von Kleist. Über das Marionettentheater. Studienausgabe, Stuttgart 2013, S. 9–17.

9 Lao-Tse: Buch vom Weg, Kap.11, online aufrufbar unter: http://www.baraka.de/taoismus/sp-11.html (zuletzt aufgerufen am: 02.05.2021).

10 von Stuckrad, Kocku: Die Seele im 20. Jahrhundert: Eine Kulturgeschichte, München 2019, S. 201ff.

11 Musikbeispiel: Guthrie, Woody: This Land is Your Land 1940.

12 Blumenberg, Hans: Paradigmen zu einer Metaphorologie, Frankfurt am Main 1997.

13 Arendt, Hannah: Denktagebuch 1950 bis 1973. 2 Bde. Hg. von Ingeborg Nordmann und Ursula Ludz, München 2002, S.728.

14 Ricoeur, Paul: Die lebendige Metapher, München 2004.

15 Nemitz, Paul/Pfeffer, Matthias: Prinzip Mensch. Macht, Freiheit und Demokratie im Zeitalter der Künstlichen Intelligenz, Bonn 2020, S. 49ff.

16 ebd. S. 51.

17 ebd.

18 Metzinger, Thomas: Der Ego-Tunnel. Eine neue Philosophie des Selbst: Von der Hirnforschung zur Bewusstseinsethik, Berlin 2009, S.21ff.

19 Riesewieck, Moritz/Block, Hans: Die digitale Seele. Unsterblich werden im Zeitalter Künstlicher Intelligenz, München 2020, Bonn 2020, S. 379–381.

20 Drewer, Petra: Die kognitive Metapher als Werkzeug des Denkens. Zur Rolle der Analogie bei der Gewinnung und Vermittlung wissenschaftlicher Erkenntnisse, Berlin 2003.

21 Marzano, Michela: Philosophie des Körpers, München 2013, S. 45ff.

22 Changeux, Jean-Pierre: Der neuronale Mensch – wie die Seele funktioniert, Berlin Heidelberg 1984.

23 Das Manifest. Elf führende Neurowissenschaftler über Gegenwart und Zukunft der Hirnforschung, in: Gehirn und Geist 6 (2004).

24 ebd.

25 Lange, Friedrich Albert: Geschichte des Materialismus und Kritik seiner Bedeutung in der Gegenwart, zweites Buch, Leipzig 1873/5.

26 Mach, Ernst: Erkanntnis und Irrtum, Skizzen zur Psychologie der Forschung, Leipzig 1920, S. 25.

27 Crick, Francis: Was die Seele wirklich ist, München 1994, S. 21.

28 Priebe, Manon: Heiligt der Zweck die Provokation (2017), in: evangelisch.de, https://www.evangelisch.de/inhalte/145917/11-09-2017/diskusion-um-segensroboter-blessu2-evangelischer-akademie-frankfurt (zuletzt aufgerufen am: 02.05.2021).

29 Roth, Gerhard/Strüber Nicole: Wie das Gehirn die Seele macht, Stuttgart 2017.

30 Singer, Wolf: Ein neues Menschenbild? Gespräche über Hirnforschung, Berlin 2003, S. 33.

31 Harari, Yuval Noah: Homo Deus. Eine Geschichte von Morgen, München 2018, S. 565.

32 Loh, Janina: Zur Hinterfragung, Erweiterung und Überwindung des humanistischen Menschenbildes im Trans- und Posthumanismus, in: Grundwald, Armin (Hg.): Wer bist du, Mensch? Transformation menschlicher Selbstverständnisse im wissenschaftlich-technischen Fortschritt, Freiburg 2021, S. 278–297.

33 The Matrix, Matrix Reloaded, Matrix Revolutions Vereinigte Staaten, Australien 1999.

34 Loh, Janina: Zur Hinterfragung. a.a.O.

35 Riesewieck/Block: Die digitale Seele. a.a.O.

36 Morgenroth, Matthias: Tod ist gar nicht Tod. Über ein Experiment am offenen Herzen des Menschen, in: Publik Forum Extra (März 2021), S. 34f.

37 Vgl. Voegelin, Eric: Wissenschaft, Politik und Gnosis, München 1959.

38 Harari: Homo Deus, a.a.O., S. 132.

39 ebd., S. 135.

40 ebd., S. 306.

41 Harari, Yuval Noah: 21 Lektionen für das 21. Jahrhundert, München 2020, S. 307.

42 Tylor, Edward B.: Die Anfänge der Cultur, Leipzig 1873, S. 494ff.

43 Lessing, Gotthold Ephraim: Der Rangstreit der Tiere in: Fabeln Band 1, München 1970 ff., S. 261–262.

44 Harari: 21 Lektionen, a.a.O., S. 155.

45 Oertel, Tobias: Menschenbilder in der Digitalisierung (2019), in: tbd. https://www.tbd.community/de/a/menschenbilder-der-digitalisierung (zuletzt aufgerufen am: 02.05.2021).

46 Harari: 21 Lektionen, a.a.O., S. 475.

47 Franke Anselm/Albers Irene: Einleitung, in: dies. (Hg.): Animismus. Revisionen der Moderne, Zürich 2015, S. 7–15.

48 Testről és lélekről (On Body and Soul) Ungarn 2017.

49 Soul, Vereinigte Staaten 2020.

50 Schneider, Johannes: Soul. 90 Minuten Trost (2020) in: DIE ZEIT https://www.zeit.de/kultur/film/2020-12/soul-film-pixar-rezension-disney-plus-animationsfilm/seite-2 (zuletzt aufgerufen am: 02.05.2021).

51 Rowling, Joanne K.: Harry Potter und die Heiligtümer des Todes, Hamburg 2018, S. 715/16.

52 Palmen, Connie: I.M. Ischa Meijer. In Margine. In Memoriam, Zürich 1999, S. 9.

53 Luther, Martin: Das Magnifikat verdeutschet und ausgelegt 1521 (WA 7, 551,1).

54 Aland, Kurt (Hg.): Luther Deutsch. Die Werke Martin Luthers in neuer Auswahl für die Gegenwart, Göttingen 1990, S. 280.

55 Buber, Martin: Der Weg des Menschen, Gütersloh 2010, S. 53.

56 Oorschot, J. v.: Lost in Translation, Regain by Exegesis. נפש in alttestamentlicher Verwendung und Funktion, in: Oorschot, Jürgen van/Wagner Andreas (Hrsg.): Anthropologie(n) des Alten Testaments, Leipzig 2015, S. 117–131.

57 Evers, D.: Heute von der Seele reden ..., Bonn 2006, gedruckter Vortrag online aufrufbar unter: https://www.theologie-naturwissenschaften.de/fileadmin/user_upload/Evers_HeutevonderSeelereden.pdf (zuletzt aufgerufen am: 03.05.2021).

58 Oorschot: Lost in Translation, a.a.O.

59 Platon: Phaidon 64c und 253c.

60 Aristoteles: De anima 402a.

61 Evers, D.: Heute von der Seele reden ..., a.a.O., S. 6.

62 Jung, Volker: Digital Mensch bleiben, München 2019, S. 98.

63 Heckel, Theo K.: Die Seele im hellenistischen Judentum und frühem Christentum, in: Gasser, Georg/Quitterer, Josef (Hg.): Die Aktualität des Seelenbegriffs. Interdisziplinäre Zugänge, Paderborn 2010, S. 327ff.

64 Augustinus von Hippo: Soliloquia – Alleingespräche, sol. 1,7.

65 Augustinus: Bekenntnisse Buch 1.

66 siehe dazu u.a.: Neidhart, Ludwig: Kirche und Menschenrechte: Diskriminierung der Frau, Sklaverei, Antijudaismus und Nationalsozialismus im Spiegel der Kirchengeschichte, online aufrufbar unter: https://www.philso.uni-augsburg.de/institute/philosophie/Personen/Lehrbeauftragte/neidhart/Downloads/KircheMenschenrechte.pdf (zuletzt aufgerufen am: 03.05.2021).

67 Hell, Daniel: Seelenhunger, Der fühlende Mensch und die Wissenschaft vom Leben, Bern 2003, S. 20.

68 Barth, Ulrich: Selbstbewusstsein und Seele, in: Zeitschrift für Theologie und Kirche Band 101/2 (2004), S 198–217, hier S. 199.

69 Gerhard, Paul: Du, meine Seele singe: Evangelisches Gesangbuch, Ausgabe für die Evangelisch-lutherischen Kirchen in Bayern und Thüringen Nr. 302, S. 560.

70 Vaas, Michael/Blume, Rüdiger: Gott, Gene und Gehirn. Warum Glaube nützt. Die Evolution der Religiösität Stuttgart 2012, S. 15.

71 Gehlen, Arnold: Der Mensch. Seine Natur und seine Stellung in der Welt, Wiebelsheim 2009.

72 Gehlen, Arnold: Die Seele im technischen Zeitalter. Sozialpsychologische Probleme in der industriellen Gesellschaft, Frankfurt am Main 2007.

73 Pascal, Blaise: About religion and some other subjects / übersetzt und herausgegeben von Wasmuth, Ewald, Darmstadt 1987.

74 Bach, Johann Sebastian: „Wachet auf, ruft uns die Stimme“ (BWV 140).

75 Bach, Johann Sebastian: „Meine Seele erhebt den Herren“ (BWV 10), „Schmücke dich, o meine Seele“ (BWV 180), „Und meine Seele spricht“ (BWV 51).

76 Bach, Johann Sebastian: Johannespassion (BWV 245).

77 Karl Rahner: Grundkurs des Glaubens. Einführung in den Begriff des Christentums, Freiburg Basel Wien 1976, S. 57f.

78 Harari: Homo Deus a.a.O.

79 Luther, Martin: Morgensegen. Evangelisches Gesangbuch, Ausgabe für die Evangelisch-lutherischen Kirchen in Bayern und Thüringen Nr. 841, S. 1441.

80 Jung, Carl Gustav: Gesammelte Werke, Band 8, § 619, Olten Freiburg 1971.

81 Legerstee, Maria: A review of animate - Inanimate Distinction in Infancy, in: Early development and Parenting 1 (1992), S. 59–67.

82 Nagel, Thomas: What is it like to be a bat?, in: The Philosophical Review 83, 4 (1974), S. 435–450.

83 Boltzmann, Ludwig: Populäre Schriften, 1905, S. 94ff.

84 Klein, Stefan: Wie wir die Welt verändern. Eine kurze Geschichte des menschlichen Geistes, Frankfurt am Main 2021, S. 219ff.

85 Brecht, Bertolt: Geschichten vom Herrn Keuner, Berlin 1971, S. 33.

86 Frisch, Max: Tagebuch 1946–1949, Berlin 1985, S. 31.